情报编写

文体与语言

张高杰 李广玉 | 著

金城出版社
GOLD WALL PRESS
·北京·

图书在版编目(CIP)数据

情报编写：文体与语言 / 张高杰，李广玉著 . —北京：金城出版社有限公司，2021.9（2024.4 重印）
ISBN 978-7-5155-2117-6

I. ①情… II. ①张… ②李… III. ①情报学－研究 IV. ① G250.2

中国版本图书馆 CIP 数据核字 (2020) 第 250113 号

情报编写：文体与语言

作　　者　张高杰　李广玉
责任编辑　蔡传聪
文字编辑　王　璐
责任校对　柴　桦
责任印制　李　滨
开　　本　710 毫米 × 1000 毫米　1/16
印　　张　17
字　　数　210 千字
版　　次　2021 年 9 月第 1 版
印　　次　2024 年 4 月第 3 次印刷
印　　刷　北京科信印刷有限公司
书　　号　ISBN 978-7-5155-2117-6
定　　价　50.00 元

出版发行　**金城出版社有限公司**　北京市朝阳区利泽东二路 3 号
邮编：100102
发 行 部　（010）84252396
编 辑 部　（010）61842989
总 编 室　（010）64228516
网　　址　http://www.jccb.com.cn
电子邮箱　jinchengchuban@163.com
法律顾问　北京植德律师事务所　18911105819

前　言 >>>

由于工作的需要，我们承担了军事情报学本科专业的基础课程教学任务。在教学中我们发现，学员的情报文本编写水平与他们的汉语写作能力有重要关系。因此我们就有了深入研究二者关系的愿望，以期迅速提高培训学员的岗位任职能力。由于情报工作特有的保密性和敏感性，我们不可能用现实的情报文本作为分析对象，而编译类国际新闻文体与情报文体十分相似，同时也更具有普遍意义，我们就以《解放军报》《参考消息》《纽约时报》等国内外主流媒体的新闻报道文字作为语料来完成我们的研究任务。

我们知道，从事情报编写工作不仅需要一流的外语水平，还需要过硬的中文功底。首先，情报素材的翻译必须符合汉语习惯，不能有太多欧化句式或对象国语言思维的痕迹；其次，要对搜集到的情报素材进行分析核实，做到去粗取精、去伪存真，并在动向情况通报中力求主题突出、观点鲜明、文字简洁；最后，撰写综合通报更需要写作者逻辑思维清晰，布局谋篇准确，语言表达得当。所有这些工作都需要很好的中文写作能力才能实现。

本书以“大写作”观念为基础，将写作学、语言学、逻辑学、新闻学、情报学等学科知识进行整合，明确了情报编写能力的具体内涵。书中突破以往提到编写只讲语言文字表达的局限，将情报编写能力定位为从分析和综合情报素材到完成情报产品的整个过程所需要的母语能力，主要包括文体意识及文体表现能力、逻辑思维能力、语言表达能力。在文体意识方面，将情报编写与消息、文献综述和新闻综述三类文体进行比较，准确定位情报编写的三个文体属性，即注重真实和时效的新闻性，突破反映一时一地事件局限的综合性，从情报素材分析整合而来的再生性。在逻辑思维能力方面，着重分析情报编写所遵循形式逻辑的规范，以及如何做到概念准确、判断正确、推理严密，同时又符合分析与综合的辩证逻辑方法，使之能够对事物各个方面的矛盾进行准确辨析进而揭露其本质和规律。在语言表达能力方面，从篇章布局、语句组织、标点符号使用等方面进行重点阐述，全面体现情报语言的概括性、准确性和严密性。

本书具体论述了开展情报编写能力培养的内容、途径和方法。编写能力是一种技能，必须通过操作训练才能固化为能力。依据建构主义学习理论，在实际培养初学者情报编写能力的过程中，要将大量阅读、理论讲授与写作实践相结合。首先，阅读是基础，要通过诵读典范文本提高学员的整体语文素质和学识修养，考虑到情报编写的文体属性，典范文本要有足够多的新闻类作品，包括消息、通讯、新闻评论、深度报道、新闻综述等各种新闻类型。其次，要多层次、多方位、多种形式地开展实践性教学，除了开设基础写作、新闻写作、逻辑学与情报编写等课程，还可以聘请情报生产单位阅历及写作经验丰富的情报编写人员进行专题授课，让他们结合自己的写作体会，选择典型的写作实例为初学者现身说法。要把系统讲授写作理论知识与科学的严格训练结合起来，想方设法给初学者提供练笔和展示能力的空间，通过学员的阅读笔记、研究报告、学科论文等各类书面写作进行训练。此外，本书还立足收集到的公开材料，对各类情报通报的编写提供一些案例评析和写作训练素材，以服务提升情报编写能力培养的切实需要。

本书是情报整编工作的研究成果，对于丰富情报编写理论、培育高素质复合型的专业人才工作具有重要的现实意义。本书既可以用作相关院校的专业教材，也可作为各类情报编写工作者和语言学工作者的参考资料。

目　录 >>>

第一章

情报编写能力概述

关于情报的科学概念，目前国内学界众说纷纭，莫衷一是。本书使用的情报概念，是指“为了国家安全目的而通过特定手段搜集获取的其他国家或地区的军事、政治、经济、科技等方面的重要信息”[①]。这种意义的情报，让人很容易联想到军事斗争、大国外交、隐蔽战线和犯罪侦查等领域，其载体可以是口头形式、文字形式，也可以是图像形式等。情报编写是情报工作的重要一环和符码化过程，是“情报搜集、识别、研究和判断等前期工作成果的具体体现”，“情报编写质量的高低直接影响到情报的作用和所能产生的效果”[②]。要搞好情报编写，情报人员除具有扎实的军事知识，广泛的政治、经济、国际知识，还要有良好的语言表达能力。本书主要研究我国的情报编写工作，因此汉语思维和表达能

① 李宗江:《国际信息编译中的语言问题》，金盾出版社 2001 年版，第 1 页。

② 张晓军:《军事情报学》，军事科学出版社 2001 年版，第 148 页。

力与情报编写质量直接相关。在培养情报编写人才的过程中，我们需要通过各种方式，强化他们对国家安全和国防建设的责任心和使命感，不断提升他们“语言+情报”的专业技能，其中包括岗位任职所必需的汉语写作和表达能力。

第一节 情报编写的基本特性、形式与过程

一、情报编写的基本特性

具体来说，情报编写的基本特性包括编写的目的性、准确性、时效性、预见性、机密性等，这些特性同时也是对情报编写工作的基本要求。

（一）目的性。也称针对性，情报编写是为军事斗争、国防建设和国家安全这一特定目的服务的。目的明确是确定选题的基础。

（二）准确性。情报要反映真实的客观实际情况，包括有关数据准确、分析判断准确、推理准确、语言表达准确。信息准确是情报的生命，不准确的信息会给军事工作带来极为严重的后果。

（三）时效性。情报反映的客观实际情况要及时有效。已经过时的信息对国家安全及军事斗争工作没有意义，不能产生应有的效益。

（四）预见性。情报在反映客观对象发展现状的基础上，要能及时分析预测客观情况的发展趋势，这对信息编写人员的综合分析能力提出了较高的要求。

（五）机密性。情报反映的内容多属于国家机密，在全部工作流程中对保密性有着严格的规定。

二、情报编写的表现形式

情报编写的表现形式包括原文通报编写、改写通报编写、综合通报编写三种。原文通报编写是保留情报原始面貌的一种通报形式。事实上，这种编写方式并不是简单地、原封不动地加以通报，而是在准确翻译原文的基础上，需要编写者做拟定标题、添加导语、交代来源等工作。在多数情况下还要求编写者增加背景描述、加写按注和摘要、顺通文句，确保使用者理解起来更为准确方便。改写通报编写是在对原始情报内容理解消化的基础上压缩水分，用编者的语气加以表述的一种通报形式。综合通报编写是在对情报素材进行研究的基础上，按照确定的主题将若干份情报材料的内容加以分析、归纳、概括、提升，用编者的语气进行编写的一种通报形式，是对情报材料进行分析性和综合性研究的成果。[①]

与原文通报和改写通报相比，综合通报对情报人员的分析判断、归纳综合、谋篇布局等能力有更高的要求，因此本书所说的“情报编写”，多数是以综合通报编写为典型形式，研究情报编写的主要特点和内部规律，研究情报编写对情报人员的能力要求以及如何培养情报人员的这些能力。

三、情报编写的主要过程

情报编写工作的过程包括搜集源情报、分析研究源情报、编写情报

---

① 张晓军:《军事情报学》，军事科学出版社 2001 年版，第 149—151 页。

成品。

（一）搜集源情报。情报人员依据政策以及上级首长和部门需要，在一定的对象范围内多方搜集相关情报，既包括公开来源情报，也包括秘密来源情报，尽量做到广、准、新，特别是要搜集来源可靠、意义重大的材料。搜集工作完成后，还要对所搜取的资料进行初步的筛选和归纳，对它的情报价值作出判断，从中摘取可资利用的情报资料。

（二）分析研究源情报。运用演绎和归纳、分析和综合等科学的思维方法对所搜取的情报素材进行再加工，理清情报之间的相互联系，分析情报表象背后的本质和内在规律，得出有价值的研究结论，包括事物和现象的相关解释、发展趋势、存在问题、对策建议等。

（三）编写情报成品。在对情报分析研究的基础上，按照拟定的编写提纲将各部分联系起来，使之构成一个具有内在联系的有机整体，按照汉语表达规律、篇章写作要求和一定的文体要求编写出满足需要的合格的情报成品。对于来源为外语形式的情报，在用汉语编写情报成品时还要注意语言翻译的问题。

在上述几个过程中，因为信息搜集过程相对后期的分析、概括、表达等过程是一个独立性较强的过程，所需要的搜索能力与本课题中的其他能力相关性不强，我们的研究暂不涉及。在实践操作中，我们也可以指派一部分人就相关主题搜集信息，另一部分人对搜集到的信息进行分析，然后编写新情报。翻译过程和翻译能力是双语翻译的独立研究对象，本书也不打算将其涵盖其中。

第二节　情报编写能力的培养

一、情报编写能力的具体内涵

情报编写问题主要是写作能力问题。从情报生产的角度，写作与表达是情报生产链的终端，任何一篇合格的情报产品都要求符合文体定位，表述规范，简明扼要。因此，良好的实用写作能力是从事情报编写工作必备的基本能力素养。

情报编写问题本质上是思维问题。语言与思维是同步的，语言是思维的载体，也是思维固化的结果。写作与表达的过程也是思维聚焦的过程，语言表达的准确性体现了思维的准确性。文章语义表达不清晰本质上是由于思维不清晰。

情报编写问题也是一个语言问题。很多人表达出现语病而不自知不自觉，或者发现问题而不知道如何修改，找不到更好的表达方式，是因为欠缺相关的语言知识或相关的语用策略。语言的使用很复杂，每个人都免不了写错别字写病句，但是并不是每个人都可以写错别字写病句。从事情报整编工作的人就不能写错别字写病句，因为一个错别字一个病句很可能就提供了一份错误的情报。刘伯承元帅曾说："在军事上一字之差也会死很多同志，甚至影响战斗的成败。"①

① 转引自杨鲁:《规范使用军语关乎"打胜仗"》,《中国社会科学报》2020年4月2日。

基于以上分析，本书中的情报编写能力，主要是指从情报素材的分析和综合到完成情报产品的整个过程所需要的汉语思维及表达能力。它可以分为三个方面：一是文体意识和文体表现能力，指情报编写要有恰当的文体意识，在语言风格和结构安排等方面满足特定的文体要求；二是分析研究能力，里面包含的内容十分复杂，本书主要探讨逻辑思维能力，包括能够遵循形式逻辑规范，在写作过程中做到概念明确、判断恰当、推理正确、论证严密，对情报素材和情报产品中没有遵循逻辑规范的现象能够进行识别和辨析，能够运用分析和综合等逻辑方法对所搜集的零乱而复杂的情报资料进行透彻的研究，得出对客观对象全面而深刻的认识；三是语言表达能力，包括字、词、句、篇的使用能力，主要是在对情报素材进行分析综合的基础上，将各部分联系成一个有机的整体，并用符合规范的语言表达出来，做到语言通顺、衔接连贯、结构合理。

二、情报编写能力培养的重要性

（一）情报编写能力是情报人员业务能力的重要表现。情报人员的工作包括情报搜集汇总、分析研判、筛选提炼、整理编写等整个流程，涉及的业务能力非常广泛，其中信息搜索能力、情报专业技能、综合分析能力、语言表达能力最为紧要，而情报编写能力就包含了其中语言表达能力和综合分析能力两项，是情报人员业务能力的重要表现。

（二）情报编写能力是情报人员综合素质的最终体现。情报人员素质体现在情报工作的各个阶段，包含了科技、思维、语言、人际等各个方面，但在前期阶段，各种能力都是隐而不彰的，很难被外界认识，正如一名教师无论在备课过程中准备如何充分和熟练，最终都要通过教学过程体现一样，人们认识、评价情报人员的综合素质最终也只能通过情报编写的最终产品来达成，如果情报编写能力不够，前期工作中再强的工作能力也无从体现。

（三）情报编写能力是现代情报工作团体协作水平的检验标尺。现代情报编写涉及任务复杂，经常需要团队成员通力协作，配合完成。一个情报产品的完成可能需要一部分人员搜集素材，一部分人员分析识别素材，一部分人员完成翻译或整理成半成品，一部分人员最终完成情报编写产品，而最终检验团队协作水平的只能是情报编写成品。提升情报编写能力必须成为情报工作团队的核心任务之一。

三、情报编写能力培养的策略和方法

语言思维和表达能力是情报编写人员最基本的能力和职业素养。我国的情报界把汉语作为最主要的工作语言，情报编写者的汉语思维和表达能力应该得到不断的培养和提高。情报编写中所需汉语思维和表达能力的培养要讲实效、重质量，从实际出发，将理论知识与岗位实践相结合，以科学的态度和创新的精神解决情报人员编写能力培养过程中的各种问题。汉语思维和表达能力也是一种技能，它以操作训练的方式为人所掌握，是个体身上固化下来的自动化的行动方式。依据建构主义教学理论①，在实际培养初学者编写能力的过程中，应该注意以下的操作训练活动：

① 目前教育界普遍认为，建构主义代表了当代教育的“范式转变”，是教育改革的新的主流思想。建构主义理论认为，知识不是通过教师传授给学生的，而是在教师创设的一定的教学情境下，或教师组织的教学活动中，学生借助教师和同学的帮助，利用必要的资料，通过意义建构的方式而获得的。建构主义理论提倡“教师指导下的，以学生为中心的学习”。

（一）大量阅读

阅读是写作的基础，要通过优秀文本的阅读让初学者体悟语言表达的规律和言语之美，提升自己的写作能力。要给初学者准备足够多的典范文本，让初学者反复阅读，甚至背诵。典范文本中要有大量的经典文学作品，使初学者通过朗读和背诵得到思想上的教化、文化上的熏陶、精神上的享受，提高初学者的整体语文素质和学识修养。同时，考虑到情报编写的文体属性，典范文本要有足够多的新闻类作品，包括消息、通讯、新闻评论、深度报道、新闻综述等各种新闻类型，重点是国际新闻、国际新闻评论、国际新闻综述。让初学者体会文章写作和文学写作的不同特点，体会各类新闻在语言形式和表达内容方面的联系和区别。要不断更新文本库，特别是要不断增加新近优秀的新闻类作品，让初学者对时事新闻，尤其是国际时事新闻保持高度敏感，帮助初学者以一个专业者的角度去关注、阅读和分析新闻。初学者在大量阅读过程中，能够更加深刻地体会汉语的语法规范、篇章结构、节奏韵律，增强语感和对文气的把握能力，掌握遣词造句组篇的规律。除此之外，掌握良好的阅读方法也是非常重要的，比如，如何在浩如烟海的文献资料里寻找到自己需要的资料，如何由点及面深入搜寻和阅读同一个主题的资料并形成对该主题较为深入的认识，如何进行精读和泛读等。

（二）创新教学

汉语写作作为一项需要长期培养与锻炼的能力，很难通过短短几次课程就能获得大的突破。要提高对写作教学的重视程度，提升写作课程的地位，除了增加必修课程的分量外，也可增设新闻写作、逻辑学与情报编写等专题选修课程，并考虑适当增加其学分比重，引导初学者进行选择。在理论讲授方面，对于初学者在写作过程中较为实用的写作技巧与方法进行重点讲解，增强课程的实用性，相应地减少艰涩难懂的理论讲解，提高所授知识的可接受程度。另外，多层次、多方位、多种形式地开展实践性教学，聘请情报生产一线单位阅历及写作经验丰富的整编人员进行专题授课，让他们结合自己写作体会，选择典型的写作实例为初学者现身说法，帮助初学者解决情报编写中具有共通性的问题，使教学更贴近情报岗位实际，满足情报岗位需要。

在训练方法上，可先进行单项训练，诸如逻辑错误修正、病句修改、概括能力训练等，以加强训练的针对性，多侧面、多角度地提高初学者的写作能力；在单项训练的基础上，可以安排综合练习，就所给素材编写出完整的情报文本。这样，经过由单项训练到综合训练的反复练习，初学者的写作能力会有显著的提高。

（三）深入实践

任何一种技巧能力的获得，知行合一才能取得完美的结果，所以在广泛阅读之外，初学者还需要经常练笔，只有经常写，反复练笔，才能掌握一定的写作技巧，才能内化为自身的一种写作素养。因此，要把系统讲授写作理论知识与科学的严格训练结合起来进行教学，想方设法给初学者提供练笔和展示能力的空间，除了为配合写作教学进行的必要练笔之外，还可以通过初学者的阅读笔记、研究报告、学科论文等各类书面写作进行训练，可以利用为各种媒体撰稿的实践机会进行磨炼，促使初学者不断积累写作经验，提高写作能力。同时，加快情报编写训练库的建设，也可以利用与情报生产单位联合培养等形式，为初学者提供尽可能多的相关素材信息，给初学者提供大量练笔机会，解决初学者缺乏实际经验、与情报整编需要相脱节的矛盾，不断提高初学者的情报编写能力。

第二章

文体表现能力与情报编写

文体是文章表情达意的最基本载体，选择合适的文体形式是写作成功的关键。“文辞以体制为先。”[①] 在动笔之前，首要问题是选择文体，它牵涉到题目怎么命、立意怎么定、结构怎么安排、材料怎么选择、语言风格怎么确定、表达方式怎么选择等等写作中许多重要的问题。当前，情报编写人员文体意识缺失是一种普遍现象，在近年来“淡化文体”观念的影响下，许多情报编写人员不了解情报的文体属性和特征，没有通过阅读和训练内化情报的文体意识和文体思维，比如在情报中出现大量的描写和主观议论的文字，结构安排十分随意零乱，等等。因此，我们有必要首先明确情报产品的文体属性，帮助情报编写人员掌握文体特征，提升文体意识，写出符合文体类别内在规定的情报产品。

① 吴讷:《文章辩体序说》，见王水照编:《历代文话》，复旦大学出版社 2007 年版，第 1585 页。

第一节 情报编写的文体属性

文体是指“一定的话语秩序所形成的文本体式”[①]。按照写作学的研究，写作文体主要分为三类：文学文体、科研文体和新闻文体。文学文体的特点是运用直觉形象思维，通过想象、隐喻和虚构等方法，创造生动具体的审美形象，表达丰富的情感。科研文体是对科学研究成果的表达，注重研究创新和论证严密。新闻文体是对新鲜事实的报道，注重真实性和时效性，语言表达注重准确和清晰。后两者相对文学写作可以称为文章写作，都属于应用性文体。

如何认识情报编写产品的文体属性？我们可以将编写的情报产品与消息、文献综述、新闻综述等进行比较以确定其一般性和特殊性，认识它的本质。

首先，与消息相比。两者相同之处是，两者文体都注重真实性和时效性，都属于新闻类，不同的是，新闻一般是原生信息，是直接通过现场采访获取第一手资料而进行的写作，而情报产品多是通过搜集公开或非公开的消息，对其进行分析概括整合而产生的报道，是对信息的再加工，属于再生消息。同时，一般的消息是一种“一人一地一事一报”的平面式、孤立式报道，而情报产品多是关于某个新闻对象的较为全面和立体的综合性报道。

其次，与文献综述相比。两者相同之处都是综述，都是在有针对性

① 童庆炳：《童庆炳文集》第四卷，北京师范大学出版社2016年版，第3页。

地全面搜集素材的基础上，运用分析、综合等逻辑方法，对某个对象的本质特征、发展现状、存在问题、发展趋势等进行概括描述。不同点是，文献综述属于科研写作而不是新闻的范畴，更多是用在学术研究领域，是学术研究的基础和前提，它所搜集的资料都是某一方面的学术研究成果，而且只要对研究课题有重大意义的都要纳入，其中有最新的科研成绩，也经常回溯到几年前甚至几十年前的重要学术成果。情报产品不同，一些有深度的综合通报虽然也有分析论证的成分，但都比较简洁明了，仍以客观叙述为主，属于新闻写作的范畴，它所搜集的素材也以新闻素材为主，如果某个问题牵涉到较为久远的重要资料，一般只作为背景交代即可。

再次，与新闻综述相比。新闻综述又称综合新闻，属于新闻写作的范畴，同时又有其不同于一般新闻的特点，即综合性。它是若干或众多的新闻事实在一个主题统帅下的综合报道。它在报道客观事物时，突破反映一时一地事件的局限，将发生在不同时间、不同地区、不同范围的种种新情况、新动向、新成就、新问题、新经验，组织起来围绕一个主题进行报道。它通过对许多事实的分析、综合，能使受众对客观事物有一个完整的印象和认识，帮助受众从错综复杂的社会现象中，看到事物发展的基本趋势。它以反映新情况、概括新经验、触及新问题的广泛性、深刻性制胜。

从本质上来讲，情报产品与新闻综述属于同一文体，与一般的新闻综述有着许多相同的本质和规律，对真实性、时效性、综合性有着同样的要求。我们可以说，情报产品就是服务于国家安全目的的军事、政治、经济等领域的新闻综述。除了服务目的和服务领域的区别，情报编写还有着其他不同于一般新闻综述的特殊性：一是从信息来源来看，情报产品属于再生信息，其所使用的新闻素材有公开的，也有通过各种技术手段得到的秘密素材，且秘密来源的素材信息有着极为重要的价值；而新闻综述一般是原生信息，如果属于再生信息，则基本上都是公开信息。二是从服务对象来看，情报产品主要是为上级领导和决策人员服务的，服务范围较为狭窄，且都是对国家安全具有重要意义的决策者，而新闻综述的服务对象一般都是全体公民或者某一领域的受众。三是从表达方式来看，情报产品更注意信息本身的客观真实表达，多数情报只是综合并不评论，即使有评论也尽量客观简洁，对于事物应该作出怎样的价值判断、针对事态如何进行决策等往往由服务对象来最终决定。而一般新闻综述除了对原材料进行综合外，还会进行评论，夹叙夹议是常用的写作手法，同时也非常注意其宣传引导功能。

第二节　情报编写的文体意识

作为文本构成的规格和体式，文体是长期积淀的产物。情报类文体也不例外。为了提高情报编写的成效及情报产品质量，我们需要深入探究情报产品作为文章有哪些内在特征，以帮助编写者形成清晰的情报产品文体意识。

一、情报产品的构成要素

情报要素是构成情报的基本成分，是情报真实性、准确性、可靠性的具体体现。情报产品的构成要素通常包括时间、地点、人物、情节、原因、结果以及情报来源等。时间，即事情或事件发生、发展、结束的时间和获得情报的时间。情报时间必须详明，对于时间因素至关重要的情报，甚至要求精确到分和秒。地点，即事情或事件发生和经过的位置，如国家、地区、地域或单位等。涉及重要目标的情报，地点要尽可能详尽。人物，即事情或事件涉及当事人和相关人员的具体情况，如姓名、性别、年龄、籍贯、身份等。对于某些关键性人物，其特征的描述要特别详细。情节，即情报本身反映的事情或事件发生、发展和结束的过程，重要之处要有尽量详实的细节。原因，即事情或事件发生的原委，包括直接原因、间接原因，内部原因、外部原因，主观原因、客观原因，历史原因、现实原因等。结果，即事情或事件发展所达到的最后状态，以及情报人员对事情或事件判断、预测等的结论性看法。情报来源，即获取情报的手段、途径，或者使用材料的出处等。情报来源有直接来源和间接来源之分。以上各要素，要尽可能地在情报编写产品中加以体现。

二、情报产品的题材分类

情报产品按照其写作功用的不同可以分为普通综合性、对策（评论）性、预测性三种。普通综合性情报注重对素材进行系统整理和综合阐述，对策性和预测性情报以此为基础，对编写工作提出了更高的要求，其中，对策性情报要在分析事物客观现状的基础上，分析存在问题，并结合实际情况提出意见建议，预测性情报则要对事物作出预测性的评论。

情报产品按照其题材内容的不同又可以分为横向综合、纵向综合和问题综合三类。横向综合情报是在一定的空间条件下，把不同国家和地区发生的同类事件或问题加以综合报道，以反映全貌，其特点是把发生在不同地点的同类事情组织在一条消息中。纵向综合情报是就某一有意义的事物在一段时间内的发生、发展、变化过程而组织的综合消息报道，其特点是反映同一对象的发展变化。问题综合情报是关于某个存在问题的综合报道，其主要特点是在它出现时特别是在矛盾的萌芽状态时就把它显露出来，引起人们的注意，以促进问题的及早解决。

三、情报编写的文体规范

情报产品的阅读者并不是普通的受众。情报产品的读者同时也是情报活动的用户。情报产品价值的实现完全取决于用户接受。确保用户顺利阅读、准确理解情报产品，是情报编写的首要前提和核心。[①] 情报编写的文体规范都由这一前提和核心衍生、推演而来。

（一）标题要简明扼要

拟写情报报文的标题是情报编写中必不可少的工作。所有的情报产品都需要既能吸引读者又能凸显内容主旨的标题。主使者（人或单位）和事件是情报标题必须具有的两要素。情报标题可以揭示情报主题，突出情报的重点、核心，还可以对情报内容作出判断和预测，如《日本将大规模强化空中力量监控钓鱼岛》《美陆海军加强“跨域攻击”合作》《英国在巴林新建海军基地》等。弗森在《战略情报的批判性思维》一书中明确指出：“如果你不能把你的要点凝聚成言简意赅、引人注目的题目，说明你没有一个清晰的要点，而清晰的要点对于一篇成功、有价值的分析文章来说是必不可少的。一般来说，题目很少多于一行。”[②] 情

① 彭知辉：《论公安情报产品的文体特征》，载《湖北警官学院学报》2020 年第 4 期。

②（美）凯瑟琳·弗森、伦道夫·弗森：《战略情报的批判性思维》，金城出版社 2016 年版，第 241 页。

报的标题必须言之有物，要有内容，切忌空泛、笼统；但它又绝非无情之物，要有鲜明的目的性，做到爱憎、褒贬、是非分明。

（二）主题要明确集中

在一般文体的写作中，主题是全部写作行为竭尽全力要表达的东西。情报编写也不例外。主题体现着情报编写的目的和意图。情报编写者通过本份情报的编写要为用户提供什么事实和观点要做到心中有数，要围绕主题这个中心进行编写，而不能漫无边际，不知所云。主题在文中起着灵魂和统帅的作用，它使材料、结构表达、语言诸因素和谐地统一在一起，组成有机的整体。有些情报材料写得杂乱无章，理不出头绪，看不出意脉，根本原因就是构思时缺乏一个明确的指导思想。对于情报产品来说，其主题表达一定要尽力做到明确、集中。也就是说要符合客观实际，准确透彻地揭示事物的本质。一篇材料只能有一个中心，一个主题。不论材料多少，篇幅长短，每一部分的材料都要紧扣主题，突出主题。

（三）内容要真实完整

情报内容应要点全面，重点突出。要言之有据，但不能繁琐论证。使用的材料要真实、可靠，分析判断要实事求是。情报的篇幅和长短没有定规，要依据情报种类、消费者类型来确定。一般来说，原文通报、改写通报比较短，综合通报比较长。“提供给专业人员的报告长”，而“提供给高层决策者的情报短”，“消费者级别越高，报告越短。”[①]

---

① 牛新春：《战略情报分析：方法与实践》，时事出版社 2016 年版，第 365 页。

（四）结构要严谨合理

和新闻写作相类似，情报编写的内容涉及军事和时政等方面，在结构安排上有比较突出的特点。“好的情报作者和好的记者一样，都把基本论点放在最前面，将最重要的信息一开始就呈现出来，而把最不重要的信息放在最后。”[①] 开头一般是开门见山，或将最具新闻价值的、最新最重要的事实告诉读者，或对整篇报道的内容进行概括和浓缩，为接收者提供梗概式的信息；主体部分根据内容需要，或按照时间推移的自然顺序即使用纵式结构，或以空间变换组织材料即使用横式结构，或按照问题发展的脉络组织材料即使用逻辑结构。结尾部分或自然收尾，待一切交代完毕，立即收笔；或拾遗补缺，将前文未提及的新闻要素或新闻背景表达清楚；或卒章显义在结尾处总结全文。对策性或预测性的情报则要在结尾或分析解决问题的对策，或判断事物发展的前景，清楚地表达情报的作用和目的。

（五）语言要准确清晰

情报语言属于新闻语言，其基本要求是准确、清晰。情报语言的“准确”，是指反映事实的准确。情报语言表达要符合实际，不允许夸张，不允许渲染，不允许想当然。情报语言以客观叙述为主，庄重平实，忌表达主观感情、主观意愿和主观意见。情报语言的“清晰”，主要是指语言在叙事状物时要简洁流畅、通俗易懂、条理清楚。多使用简单句，尽量去掉“冗余”的字词，“少用修饰语，多使用主动语态，并使用标

---

①（美）凯瑟琳·弗森、伦道夫·弗森：《战略情报的批判性思维》，金城出版社2016年版，第252页。

准术语”[①]。忌采用迂回曲折、晦涩难懂的方式进行表达，忌杂乱繁琐、过度抽象。一句话，方便让读者知道你写的是什么。

四、情报编写的思路和策略

惯常说来，情报编写者在写作中主要采用的是统摄思维模式。统摄思维是一种驾驭、吸收并凝聚各种信息的思维模式。与发散思维呈扩散式相反，这种思维的态势是向心的，思维的方向是向着一个点或几个点集中，以求得对事实更深刻的认识。在情报编写中，它意味着要将各种渠道获得的信息集中、分析、归纳和整理，依据实际的状况作出正确的概括并付诸于文字。

情报产品是在对已有的材料进行加工处理的基础上产生的。情报编写中要处理的一个重要问题，就是情报产品与情报素材的关系，这也是决定情报编写质量的关键因素之所在。

情报编写过程中，必须围绕编写意图选取情报素材。不同的情报有不同的使用对象，因而有不同的要求，要从大量的情报素材中选取那些最能表达编写意图的、适合用户需求的素材；不仅要选择那些直接的、正面的素材，而且对那些起烘托、反衬、强化、对比作用的素材也要适当选取。再就是要选择新颖、生动的素材，这样才能及时准确地反映现实。

情报素材是情报编写的基础，决不能脱离开情报素材，随心所欲、添枝加叶任意编造通报。忠实于情报素材的原意是情报编写的基本原则。忠实原意在编写原文通报和某些改写通报时表现为照抄情报素材的字句，但不能因此将忠实原意理解为仅仅是机械地照抄照转情报素材。

---

① （美）杰罗姆·克劳泽：《情报研究与分析入门》，金城出版社2016年版，第208页。

在具体情报编写过程中，要善于对素材进行大小由之的删改、压缩、合并和摘录，保留核心关键信息。在编写综合通报和某些特定通报时，情报整编者不仅可以、而且应当在忠实情报素材原意的基础上，站在正确立场，用编者的语气概括转述或重新编写情报。

第三节　情报编写的文体思维

情报编写本质上属于新闻写作。在情报编写的思维过程中，既要遵循一般文章谋篇布局、组织语段的要求，又要根据新闻类文体的要求，在标题拟制、结构安排、背景材料等方面进行特殊的安排，同时，作为综合性文本和再生文本，相关素材中的一些内容以何种引语形式出现在情报产品中，此类问题也是情报人员需要特别注意的。

一、情报标题的拟制

情报的标题根据内容可以分为实题和虚题。所谓实题，特点是以叙事为主，即直接概括性地标明情报的基本事实。所谓虚题，特点是以说理为主，阐明情报的意义，揭示情报的价值。

拟制情报的标题要把握以下三个方面：

（一）开门见山，把主要情报事实概括出来

要使情报的标题能够“抢眼”，首先必须增加标题的信息含量，即通过标题向用户提供尽可能多的信息，以增加情报的有效阅读率。其

实，一则好标题本身就是一条好情报。可以这样说，开门见山，把主要情报事实概括出来，是情报的标题制作的主要方法与手段。

（二）山中藏宝，把重要情报价值挖掘出来

横看成岭侧成峰，远近高低各不同。一篇情报材料所蕴藏的情报价值，常常是仁者见仁、智者见智。情报的标题要能“抢眼”，必须能够抓住用户最关心的东西。情报的标题以概括主要情报事实为佳，但如果能将情报事实与情报价值融为一体，则更能锦上添花。

一般来说，重大事件用事实作标题比较容易，其情报价值也比较显现。但很多情报来源于琐碎细微材料的整编提炼，并不是刚刚发生或正在发生的重大事件，这样的情报标题，情报事实往往难以“抢眼”，解决的办法就是注重挖掘其蕴藏的情报价值。

（三）文辞精粹，让情报的标题活起来

情报的标题多以单行式标题为主。拟制情报的标题要抽筋取髓，一语破的，点明情报的精髓所在，使读者望题而知文意；要具体明了，突出情报的主要事实，点明情报的价值所在；要言简意赅，字少、句明、朗朗上口。

例如下面这篇例文的标题，简洁凝练，高度概括地点明了情报的主要事实，文章的主体内容包括决议的内容、决议出台的原因、决议生效后各国的反应等，都紧紧围绕标题展开叙述。

例文：

阿盟制裁叙利亚决议生效

综合互联网消息，11 月 27 日，阿盟外长会议针对叙利亚的制

裁决议正式生效。这是阿盟第一次针对阿拉伯国家采取此类制裁措施。

阿盟针对叙利亚的制裁决议包括以下内容：停止与叙利亚的金融交往；中断除人道主义必需品外所有与叙利亚的贸易关系；冻结叙利亚政府在阿拉伯国家的资金；停止与叙利亚中央银行的业务往来；暂停所有阿盟成员国在叙利亚境内的投资项目；限制叙利亚政府官员出访阿拉伯国家；停止飞往叙利亚的航班。

目前，阿盟22个国家中已有19个国家批准了相关的制裁决议，伊拉克和黎巴嫩表示不支持该决议。在决议生效后，叙利亚首都大马士革爆发了游行示威，抗议阿盟对叙利亚实施制裁的决定。欧盟对阿盟的制裁决议表示支持。

此前叙利亚爆发了大规模的反政府活动，巴沙尔政府对其进行镇压。阿盟要求派遣500人观察团前往叙利亚调查巴沙尔政府的镇压行动，否则将对叙利亚进行制裁。叙利亚拒绝了阿盟的要求，认为此举侵犯了其主权。此行为最终导致了阿盟外长会议针对叙利亚制裁决议的出台与生效。

二、情报主体结构的安排

（一）倒金字塔结构

倒金字塔结构是新闻报道、特别是硬新闻[①]最常见的结构，也非常

---

① 硬新闻，源于西方新闻学的一个名词，指题材较为严肃，着重于思想性、指导性和知识性的政治、经济、科技新闻。

适用于情报的编写。

所谓倒金字塔结构就是把最重要的、最有新闻价值的内容放在最前面，较重要的放在第二段，最不重要的放在最后一段，就像一个倒立的金字塔，文章内容的重要程度随着文章的发展而逐渐递减。新华社高级记者刘其中认为倒金字塔体“最符合新闻写作规律，最方便记者对新闻材料的组织，最便于编辑的编改和剪裁，也最便于繁忙的读者阅报时取舍”[①]。

情报的整编可以借用新闻报道的倒金字塔结构，将最具有情报价值的内容放在最前面，较重要的情报信息放在后面，最不重要的信息放在最后，很符合情报编写的规律和阅读情报的需求。

如下面这篇例文的段落就是按照信息的重要程度由重到轻的顺序排列的。

例文：

美国公布 F-35 战机总价引发日本担忧

综合互联网消息，5 月 4 日，美国国防部向国会提交的报告首次称，“日本计划购买的 42 架 F-35 战机总价预计达 100 亿美元”，并预测“F-35 战机全部交付日本需要费时 15 年左右，批量生产要等到 2019 年以后”。该报告公布的情况超出了日本的预期，引发日本担忧。

据美国解释，100 亿美元的报价不仅包含 42 架战机价格，而且涵盖飞行员训练、战机维护等费用，因此总价较高。但日本认为，美国不仅在对外军售中拥有价格的最终决定权，而且 1 架 F-35 战

① 刘其中：《诤语良言：与青年记者谈新闻写作》，新华出版社 2003 年版，第 23 页。

机现行售价（1.53 亿美元）与日方报价（1.2 亿美元）存在较大差距。日方恐在美方报价过高的情况下采购 F-35 战机会引起国内批评。

由于目前 F-35 战机开发进度缓慢，美方提出该型战机进行批量生产要到 2019 年以后。这与日本期望该型战机能在 2015 年装备部队也有较大差距，在日本看来不利于本国的国防建设。日本防卫相田中直纪就报告担心地表示，“在无法避免交货延迟或涨价的情况下，有可能取消采购合同。”

此前，日本便与美国协商进口美制 F-22 战机事宜，但因美国担心关键技术泄露而流产。日本遂在 F-35 战机、F-18 战机和欧洲战斗机间遴选。最后 F-35 战机因综合性能优异而受日本青睐。2011 年 12 月，日本正式决定向美国采购 F-35 战机作为其下一代主力战机。

（二）沙漏式结构

把情报信息中关键的事实按照重要性堆叠到稿件的开头几段，接下来的段落则是按照情报事件发生的时间顺序或事理逻辑顺序组合而成。

例如下面这篇例文，第一段点名情报事件的主体，第二段对事件进行详细解说，第三段点明事件的意义，第四段介绍其他国家对此事件的态度。段落顺序的安排既按照信息的重要程度又符合事件发展的事理逻辑顺序。

例文：

韩于“延坪岛炮击事件”一周年举行军演

综合互联网消息，2011 年 11 月 23 日，即“延坪岛炮击事件”

一周年之际，韩国在其与朝鲜边界附近的黄海海域举行了海、陆、空联合军演。

此次军演，韩军以朝鲜突袭占领延坪岛和白翎岛等西部岛屿为演习想定，使用了包括一艘4500吨级驱逐舰及装载对地攻击导弹的F-16战斗机在内的多种武器装备。此外，驻延坪岛炮兵部队协同参加了此次演习。

本次军演由韩参联会组织实施，目的在于检验韩军应对朝方发动的多种形式挑衅的能力，并向朝方表明坚决回击挑衅的决心。时值“延坪岛炮击事件”一周年，韩国通过此次演习再次要求朝鲜为一年前的“炮击事件”道歉，并称这是两国重开对话与和解的前提。

朝鲜强烈谴责了这次军演，认为这是一种武装挑衅行为，使两国关系更加紧张，并称“炮击事件”是韩挑起战争的借口。对于此次军演，外界均持批评态度，认为军演时机选择不正确，不利于促进朝核“六方会谈”的进行及韩朝关系的改善。

（三）集纳式结构

有的情报主题，需要许多时空不同的信息来表达，而这些信息在情报主题中处于同等重要或基本处于同等重要的位置。在布局谋篇时，可以按照一定的构思意图，将这些信息组接起来，构成集纳式结构。

例如下面这篇例文，除了阐述朝鲜承认卫星发射失败的消息，也介绍了美国和韩国军方指证朝鲜卫星发射失败的消息。正是由于美国军方和韩国军方同时检测到朝鲜卫星发射失败的具体信息，才迫使朝鲜官方不得不承认卫星发射失败的事实，所以对于该事件的反映，朝、韩、美三方的信息都很重要，稿件巧妙采用集纳式结构将三方面信息组合起来。

例文：

朝鲜官方首次公开承认卫星发射失败

综合互联网消息，朝鲜于当地时间4月13日7时39分（北京时间6时39分）用“银河3号”运载火箭发射了“光明星3号”地球观测卫星。发射后不久，美国和韩国军方即指出该卫星发射失败，朝鲜在随后也通过官方媒体首次公开承认了这一消息。

韩国国防部表示朝鲜的火箭在发射后1到2分钟内在空中爆炸，爆炸形成20多块碎片坠入韩国以西海域。美国北美防空司令部和北方司令部联合指出美国军方监测到朝鲜火箭发射活动，并表示第一级火箭推进器在韩国首都首尔以西大约160公里处坠入大海，其余部分在空中解体并坠入黄海，解体后形成的残骸没有对韩国和日本构成安全威胁。

朝鲜随后也承认了卫星发射失败的消息，宣布当天发射的卫星没有进入预定轨道。朝鲜中央社称“科学家、技术人员和专家正在研究卫星发射失败的原因”。这是朝鲜官方首次公开承认卫星发射失败。此前朝鲜曾分别于1998年和2009年两次宣布成功发射“光明星”1号及2号试验卫星，但国际社会均指出其发射失败。

三、情报段落的组织

对于原文通报和改写通报类情报的编写，具体落实到作品的结构、段落、行文等运笔叙述的技巧时，可以运用新闻跳笔的写法。

所谓新闻跳笔，有两个主要特点：一是在文体结构上它是多段体；二是它与一般文字作品所要求的注意上下文衔接、具有连贯性、讲究启承转合等不同，它主张“跳”，在句子与句子之间、段落与段落之间可以有、甚至必须有较大的跳跃。

运用新闻跳笔是加大情报信息量的一个重要手段。运用跳笔，每写一个段落，就提供了一个分角度或者一个侧面的事实。这样多个分角度的变换和组合，便形成了立体感强的信息总汇，并使多侧面传递小的信息富有一定的辐射感。此外，句与句之间、段落与段落之间的跳跃，留下了空间，留下了停顿。有空间就有容量。容量大，可提供的信息量就大，给予读者思考的空间就大。在某种意义上说，思考的空间即包含着潜在的结论，即潜在的信息。而这个停顿也很重要，它给了读者思索、回味的时机，有利于读者对情报信息的理解。

运用新闻跳笔，要求短段落，多分段，断裂行文。段落之间可以不按照时间的顺序，或者事实原始过程从头排列，不面面俱到，不平铺直叙，不必顾及程序、顺序或者层层推理的逻辑，而是打破时间与空间的限制，只着力突出最有价值的情报信息，把它们之间用跳跃的方式组织起来。换句话说，段落之间可以彼此没有联系，无需过分地注意文字的连贯性和上下文的过渡与衔接。每段的第一句话至关重要，它为后面的内容指出方向。每段的第一句话都应引入新的事实或观点，不要重复或总结上一段的内容。每一个新段落都要推动文章往前发展。

下面这篇例文就很好地运用了新闻跳笔的手法，短段落，多分段，每段都是一个新的信息点，段落与段落之间没有过渡句或过渡词，每段的第一句话都引入新的信息，段落的排列按信息的重要程度和事件的内在逻辑顺序综合排序。

例文：

奥朗德突访阿富汗重申年底撤军

综合互联网消息，法国总统奥朗德于当地时间5月25日抵达喀布尔，对阿富汗进行了未经宣布的突击访问，并表示法国将在今年年底从阿富汗撤出所有作战部队。这是奥朗德就任法国总统以来首次访问阿富汗。他视察了驻阿富汗法军士兵，并与阿富汗总统卡尔扎伊会面。

法国现有3400名士兵和150名宪兵驻扎在阿富汗，其中大部分驻扎在阿富汗东部卡皮萨省的杰拉卜法军基地。奥朗德表示，约有2000名作战部队士兵将启程回国，剩下的1400多名士兵将留驻，目的是培训阿富汗军队，保障医院、机场的安全，并帮助阿富汗建立一支有效的警力。

在访问军事基地时，奥朗德亲自向法国军人解释了提前撤军的原因。他表示，法军已经完成了任务；阿富汗掌握主权的时刻已经到来；另外，针对法国领土的恐怖威胁尽管没有完全消除，但在一定程度上降低了。

奥朗德的撤军计划比其前任提前了一年，比北约2014年的撤军日程大大提前。他在5月21日的芝加哥北约首脑会议上首次提出这一计划，奥朗德表示法国将与北约盟国协调从阿富汗撤出其作战部队事宜，特别是在同奥巴马总统达成妥善谅解的境况下进行，还将与阿富汗当局密切磋商。

由于没有披露太多细节，奥朗德的撤军计划没有引起过多讨论和争议。法国国内民众和媒体反应平和。法国国民议会国防委员会的一名议员指出奥朗德的竞选演说和他当选后的撤军计划之间存在矛盾，如果作战部队撤走，留驻士兵的安全无法得到保证，很多装备也无法得到妥善处理，这将是一个极大的风险。

四、情报中引语的使用

在情报整编中，常引用事件当事人的话来表明情报信息的来源，或引用权威机构、知名人士的话来增加情报信息的权威性和可信度，这就是引语。引语可以分为三类：直接引语、间接引语和部分引语。

直接引语就是整句引用，并用引号标注出来的原话。例如：

“我认为长城是中国的象征，是向世界展示一个统一的中华民族的象征，而不再是一道将人们拒之门外的墙。”他（克林顿）摘下墨镜对围着他采访照相的中美两国记者说。

间接引语不用引号，是对说话人所说的话的整理或压缩。如：

他说，中国克隆出的歼 −15 可能达不到俄罗斯苏 −33 舰载歼击机的技术指标，因此中国可能还会要求购买一批苏 −33（“他”指俄罗斯全球武器贸易分析中心主任、国防部社会委员会成员科罗特琴科。）

部分引语是引用说话人所讲话语中部分值得注意的措辞，并由引号标注。例如：

在有线电视新闻国际公司今晚播出的“拉里·金访谈”电视节目中，奥巴马说英国石油公司感受到了他的愤怒，但补充说“对人发泄和叫喊无法解决问题”。

三种引语中，间接引语概括力强，但具有较强的主观性；部分引语用语简洁，还可以保留说话人的措辞、态度、立场，但容易造成断章取义的印象；最有价值的是直接引语，因为直接引语有特殊的表达功能。

直接引语的表达功能有以下三点：其一，直接引语可以使稿件具有现场感，可以让读者有亲临现场的感觉，让读者直接听到讲话人的声音。这种“亲耳听到”的感受会拉近读者和情报主题的距离，因此而生成的接近性可以增强情报的可信度。其二，直接引语可以让情报更具有信息权威性。直接引语一般都有出处，即消息来源，有助于提高情报信息的真实性。如果直接引语来自重要人物或重要机构，还有助于提高情报信息的权威性。其三，使情报信息更客观，更具有说服力。直接引语的重要假设就是被引用的话是信源亲口说过的。情报用户常常会怀疑间接引语和部分引语的可信度，但对直接引语则坚信不疑。

用好引语首先要明确什么是好引语、什么是坏引语，什么是有价值的引语、什么是无价值的引语，这是成功使用引语的关键。从形式上说，好引语是能够构成妙语、警句的话，能生动清晰地传达说话人强烈情感或反应的话。从内容上说，好的引语包括：强硬的政府、组织、机构的声明，有鲜明立场的个人意见，对一个非常有争议的事件或话题不同的看法等。从作用上看，好的引语能增添信息的可信度，强化文章的主旨，增加信息的权威性。

如下面这篇例文中多处引用各国政府官员的原话，来表达相关国家对泄密事件的态度和立场。

例文：

相关各国对“维基揭秘”网站泄密事件作出回应

综合互联网消息，据美、巴等国媒体反映，继7月25日美国“维基揭秘”网站公布约9.2万份美国军方秘密文件之后，相关各国相继对此作出回应。

阿富汗政府对泄密事件感到震惊，质疑巴基斯坦情报机构与塔利班运动暗中采取合作。阿总统哈米德·卡尔扎伊表示："泄密事件极其不负责任，将对情报提供者的安全构成威胁。"其发言人希亚马克·赫拉维援引泄密文件内容，指责巴基斯坦情报机构暗中支持塔利班运动。

巴基斯坦政府坚称文件内容失实，否认该国情报机构同塔利班运动有所关联。巴信息部长卡马尔·凯拉强调"这些文件只是不负责任的谣言"，并呼吁外界更多关注巴基斯坦为反恐战争所做的牺牲，而非"毫无根据地"怀疑三军情报局同塔利班运动有何关联。

美国政府谴责泄密事件，称其威胁国家安全并损害盟友关系，但不会影响在阿富汗的反恐行动。美国防部长罗伯特·盖茨认为此事件将威胁美军及其反恐盟友的安全并损害反恐盟友关系。美国务院已就此事件向阿、巴两国政府进行了通报以避免产生误解。但总统国家安全事务助理詹姆斯·琼斯指出："此事件不会影响美国在阿富汗反恐行动的继续。"

五、情报中背景信息材料的安排

所谓背景信息材料，是指情报事实之外，对情报事实的某一部分进行解释、补充、说明的材料。背景信息材料不是刚刚发生或正在发生的事实，而是用来说明新信息的旧事实。

背景信息材料的作用是通过纵向或横向的对比联系，解释说明事件或人物产生的环境、条件或原因，突出情报事实所蕴含的意义，提高情报价值；也可以代替作者的主观议论，从而使情报信息显得更为客观、可信。

背景信息材料的选用必须遵循为主题服务、少而精的原则，以是否有利于突出情报价值为标准精选背景材料。文字要力求简要、精炼。用得太多太滥，文字太长，会掩盖情报事实的主体。一句话能说明问题的，绝对不用两句；力求做到简约凝炼，陪衬得当。

例如下面这篇例文："总部位于弗吉尼亚州诺福克的联合部队司令部是美国防部下属的4个职能司令部（注，Command with Functional Responsibilities）之一，其前身为美军大西洋司令部。自1999年更名至今，联合部队司令部主要担负提供联合作战理论指导，组织各种级别的联合训练，提高各军种间的协作能力等任务。目前，该司令部下辖2800余名军职及文职工作人员，年预算总额达2.4亿美元。"这些文字内容就是背景信息材料，用于介绍说明联合部队司令部的基本情况，是支撑新信息的旧信息。

例文：

美国防部将撤销联合部队司令部

综合互联网消息，据美国媒体反映，美国防部长罗伯特·盖茨8月9日宣布，国防部计划在一年之内撤销联合部队司令部（Joint Forces Command）的编制，以进一步裁汰冗员、削减开支。此前，国防部曾宣布计划在今后五年内削减1000亿美元的财政开支，撤销联合部队司令部的决定恰被外界视为国防部的应时之举。盖茨表示："我们必须以节俭与克制来替代以往大手大脚花钱的习惯。"美国总统奥巴马对盖茨的计划表示支持，称其"有助于（国防部）维持现有的军事力量结构并使资金的投入更趋理性化"。

总部位于弗吉尼亚州诺福克的联合部队司令部是美国防部下属的4个职能司令部（Command with Functional Responsibilities）之一，

其前身为美军大西洋司令部。自1999年更名至今，联合部队司令部主要担负提供联合作战理论指导，组织各种级别的联合训练，提高各军种间的协作能力等任务。目前，该司令部下辖2800余名军职及文职工作人员，年预算总额达2.4亿美元。

第三章

逻辑思维能力与情报编写

逻辑思维能力在情报分析中具有重要作用。与此相似，在情报编写中，相关人员要从众多的情报素材中进行准确的分析概括，并将相关内容整合成一篇表述严密的文章，整个过程必然要运用一定的逻辑方法，也必须遵守一定的逻辑规范。写作完成后，我们也可以从逻辑方法和逻辑规范运用得当与否来对文章进行评估和修改。

第一节　遵循形式逻辑规范

形式逻辑是从思维的形式结构方面研究思维的。思维的形式结构是指人们表达思想方式的联系和排列次序，即概念、判断、推理等逻辑构造。

一、概念明确

概念是反映思维对象本质属性的思维形式。用来表达概念的语词与概念之间是形式和内容的关系，要准确表达概念，就要使用适当的语词。概念明确是思维的基础，如果用词不当，就不能使概念明确，表达的思想就不会清晰准确。概念明确包括概念的内涵明确和外延明确两个方面，因此要使概念明确就需要同时注意这两个方面。

（一）定义准确

（1）军事地理学是研究军事地形的科学。

将军事地理学定义为“研究军事地形的科学”，是没有准确理解军事地理学的内涵，因为军事地理学是“研究军事与地理关系的学科”，而军事与地理的关系除了地形还包括水文、植被、气候等。因此该定义是将军事地理学的外延理解得过窄了。

（2）战斗力是军事素养能力。

战斗力的正确内涵应表述为军队作战能力，包括军队的政治素质、军事素养、武器装备和物质保障等。因此该定义犯的错误也是定义概念“军事素养能力”的外延小于被定义概念“战斗力”的外延。如果有人把“战斗力”定义为“军队各方面的能力”，则又犯了将被定义概念外延扩大的错误。

（二）划分正确

（3）步兵军事技术动作分为射击、刺杀、投弹、爆破、土工作业、战术。

划分应该是相应相称的，划分所得子项的外延之和必须与母项的外延相等。这里将“战术”也作为“步兵军事技术动作”的子项看待，犯了“多出子项”的逻辑错误。如果改成“步兵军事技术动作分为射击、刺杀、投弹、爆破”，则将应有的子项“土工作业”排除在外，犯了“划分不全”的逻辑错误。

（4）战争分为世界战争、局部战争、人民战争。

同一次划分中，划分的标准必须同一，划分后各子项之间必须互相排斥，不能出现重合和交叉。这里将“战争”同时采取了两个标准进行划分，一个是根据战争规模，一个是根据战争性质，标准混淆，也使得划分结果中子项之间呈现交叉关系。

除了在定义和划分中要特别注意概念内涵和外延的准确外，在日常涉及两个或多个概念的关系表达时，也要特别留意概念间内涵和外延的关系是否合适。

（5）在这次战斗中，我们缴获了敌人四部电台、一些机密文件、三辆坦克、十二挺机枪等武器装备。

这里的表达是将“机密文件”当作“武器装备”的外延看待的，然而“武器装备”实际上是不包括“机密文件”的。这种情况特别容易出现于母项包含过多子项的句子中，这时往往会夹杂一些与某些子项有密切关系然而又不属于母项外延的内容。

二、判断正确

判断是对思维对象的情况有所肯定或否定的思维形式。根据判断形式结构的简繁，可以把判断分为简单判断和复合判断，前者本身只由一个判断构成，后者由两个或两个以上简单判断组成。简单判断按其所断定的是思维对象的属性还是关系，可分为性质判断和关系判断；复合判断按照所包含的简单判断之间的关系，可以分为联言判断、选言判断、假言判断和负判断。

（1）核武器是原子弹。

大家一般都知道“原子弹是核武器”，这是一个性质判断。有的性质判断中，判断的前项和后项概括的内容是一致的，因此可以前后互换说法，定义都属于此类，如“判断是对思维对象的情况有所肯定或否定的思维形式”，也可以说成“对思维对象的情况有所肯定或否定的思维形式是判断”。然而一些情况下，前项概括对象和后项概括对象之间不是同一关系，这时候前项和后项就不能随便变换位置了。比如核武器包括原子弹、氢弹、中子弹、电磁脉冲弹，原子弹只是核武器的一种，这时可以说“原子弹是核武器”，但不能反过来说“核武器是原子弹”。但如果加上一定的数量词，说成“有些核武器是原子弹”或者“核武器里面有不少是原子弹”，那么就又成为正确的判断了。

（2）科学发展到今天谁也不会否认地球不是绕着太阳转的。

有时为了表达得更有气势和力量，判断会选用双重否定的形式，这时候要特别注意不要把句子的意义表达反了。这句话使用了三个表示否定的词，即：“不会”“否认”“不是”，正好和想要表达的意思相反，应该修改为“科学发展到今天谁也不会否认地球是绕着太阳转的”。

（3）除了英国海军外，英国空军也在“数十年如一日”地削减自己的反舰导弹储备。

这句话表达的是一个联言判断。所谓联言判断，即断定两个或多个情况同时存在。这句话包含了两个判断，即“英国海军在‘数十年如一日’地削减自己的反舰导弹储备”和“英国空军在‘数十年如一日’地削减自己的反舰导弹储备”。只有这两个判断都是正确的，这句话才是准确的。如果在搜集情报的时候一处得到的判断是“英国海军在‘数十年如一日’地削减自己的反舰导弹储备”，另一处得到的判断是“英国空军近日也开始削减自己的反舰导弹储备”，那么整合而成的联言判断就是错误的。

（4）在海洋权益日益受关注的今天，包括美国海军在内的其他各国都在加强海上实力，而英国却在坚定不移地削减自己的反舰导弹。

这句话表达的仍然是一个联言判断，与前例不同的是，同时断定的两种情况在语义上有相对立的关系。如果我们搜集到的信息里发现一些国家的海上实力没有加强，比如其中一个国家是保持原有力量或削减原有力量，那么句子的第一个判断“包括美国海军在内的其他各国都在加强海上实力”就是错误的，即使“英国在坚定不移地削减自己的反舰导弹”是符合事实的，整个句子表达的仍然是一个错误的复杂判断，要对其进行修正。

联言判断包含的多个判断中，有的语义上没有轻重之分，可以前后调换位置，如“这篇文章内容新颖，表达方式也很特别”。而有些语义上有主有次，如“情有可原，理无可恕”，其表达重点在“理无可恕”上，如果换成“理无可恕，情有可原”上，意义就会发生很大的变化，如果既要变换语序又要保持原义不变，就要使用一些特定的关联词语来提示表达的重点，如“理无可恕，虽然情有可原”。

（5）105 号高地不是被我军占领，就是被敌军占领，只有这两种可能。

这是一个不相容选言判断，即断定的几种可能情况只有一个为真，不会出现包含的几个判断同时为真的复合判断。如果作战相关方只有我军和敌军，那么这是一个正确的判断，但如果事实是我军和友军联合起来同敌军作战，而且没有材料将 105 号高地被友军占领的可能性给排除掉，这就是一个错误的判断，犯了“没有穷尽选言支”的错误。

（6）只要掌握射击要领，就能打得准。

“只要……就……”表达的是一个充分条件假言判断，表示如果前提条件存在，后面的结果就一定存在。然而实际情况是，“掌握射击要领”只是满足“打得准”结果的其中一个必须的条件，如果不进行艰苦的练习，未必能实现“打得准”的结果。应该将它改成一个必要条件假言判断的表达形式“只有掌握射击要领，才能打得准”。

三、推理严密

推理是由一个或几个判断推出一个新判断的思维形式，它由前提和结论两部分组成。正确的推理必须具备两个条件，一是推理前提要真实，即作为脱离前提的判断要与客观实际相符合，二是推理形式要正确，就是说，一个正确的推理必须遵守相应的推理规则。

根据所反映的不同思维进程，推理可以分为演绎推理、归纳推理、类比推理。演绎推理反映的是由一般到特殊的思维进程，是从一般性前提中推出特殊性结论，包括三段论推理和联言推理、选言推理、假言推理、二难推理等复合命题推理等。归纳推理反映的是由特殊到一般的思维进程，是从特殊性前提中推出一般性结论，包括完全归纳推理和不完全归纳推理两类。类比推理反映的是由特殊到特殊的思维进程，是从特殊前提推出特殊结论。演绎推理如果前提真，推理形式正确，则结论必然真；而归纳推理（除完全归纳推理外）和类比推理如果前提真，推理形式正确，则结论仍然是或然性的，不必然为真。

（一）演绎推理

在从情报素材整理编写出情报产品的过程中，我们经常要从相互关联的命题中推出新的结论。这个推理过程有时会在情报产品中显示，有时则省略过程，只出现结论。无论推理过程显示与否，编写者都必须要检查推理的前提是否正确，推理形式是否有效，只有做到了这两者，结论才是正确的。如“军事斗争工作必须着眼于未来战争，院校训练是军事斗争工作，所以院校训练必须着眼于未来战争”。这是一个典型的三段论推理。三段论推理的逻辑形式是

M是P

S是M

所以，S是P

这里，我们称“M是P”是大前提，“S是M”是小前提，“S是P”是结论，其中，P是大项，S是小项，M是中项，这个推理是正确的。

（1）苏中战役是歼灭战，苏中战役是运动战，所以运动战是歼灭战。

这个推理不具有必然性，是错误的。产生错误的原因在于小项“运动战”在两个前提中都是不周延的，即都只断定了部分外延，到结论中却变成了周延的项，即断定了全部外延，从部分情况是不能演绎推出全部情况的，所以这个三段论推理犯了“小项周延不当”的逻辑错误。

（2）毛泽东的军事著作不是一天能读完的，《论持久战》是毛泽东的军事著作，所以《论持久战》不是一天能读完的。

这个推理的两个前提都是正确的，然而结论却很明显是错误的，错误的原因在于这里“毛泽东的军事著作”在两个前提中不是同一个概念，在大前提中它是个集合概念，反映的是一个集合体的本质属性，而在小前提中它却是个非集合概念，也就是说，这个推理中出现了四个词项，没有一个中项能在其中起到沟通大项和小项的作用，所以推理不正确。

（3）共产党员要起模范带头作用，我不是共产党员，所以我不要起模范带头作用。

这个例子中，由两个前提的真无法推出结论的真，原因是大前提中的大项 P“要起模范带头作用”是个不周延的项，即“共产党员”只与一部分“要起模范带头作用”而不是全部有关系（换句话说，起模范带头作用的除了共产党员也可以有其他人），但是在结论中，大项 P 却成为一个周延的项，犯了“大项不当周延”的错误。我们可以用图表示如下：

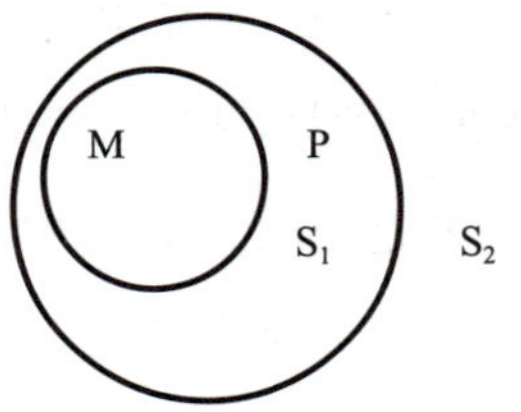

S 不是 M，那么它可以在 P 内属于 P，如图示 S_1，也可以在 P 外不属于 P，如图示 S_2，我们推不出关于 S 和 P 的必然结论。

（4）有些干部是先进工作者，有些干部是战斗英雄，所以有些战斗英雄是先进工作者。

这个例子中，中项“有些干部”在两个前提中都不周延，所以不能起到联系大小项的作用，犯了“中项两次不周延”的逻辑错误。

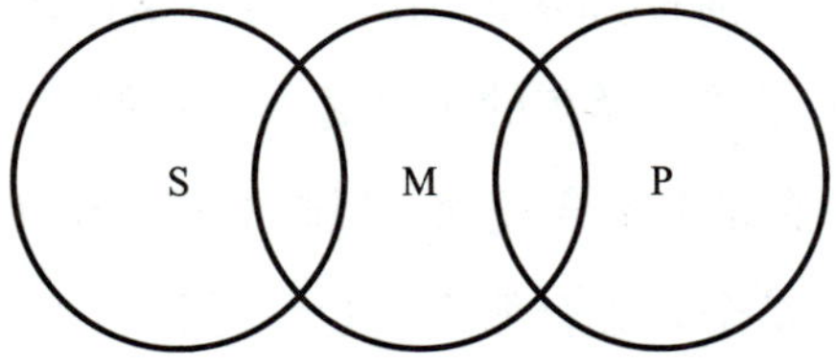

用上图说明，属于 S 的 M 和属于 P 的 M 可以是完全不相干的关系，

所以该例子所代表的三段论推理形式“有些M是S，有些M是P，所以，有些S是P”是一个错误的推理形式。

情报编写中，为了简洁，三段论推理使用的往往不是完整的表达形式，而是其简略形式。如“革命战争总有一天要胜利，因为它是代表进步的”，这是一个省略大前提的形式，省略内容为“代表进步的总有一天要胜利”。“任何事物都是有矛盾的，军队工作也是如此”，这是一个省略小前提的形式，省略内容为“军队工作是事物”。“不怕流血牺牲的军队是战无不胜的，我军是不怕流血牺牲的军队”，这是一个省略结论的形式，省略内容为“我军是战无不胜的”。有些情况下，情报文本中可能只出现从素材中得出的结论，这时候读者不了解结论的推导过程，一般是把它当做一个正确的判断来认识的，很少会质疑和进一步验证，因此作者要特别注意推理前提和推理形式的正确性，确保得出的结论是正确的。

（5）车队安全无事故的原因，或者管理教育抓得严，或者人员技术过硬；车队人员技术是过硬的；所以，车队安全无事故的原因不是管理教育抓得严。

这是一个相容选言推理，也就是由两个判断可以同时为真的相容选言判断作为大前提组成的推理形式。在这个例子中，推理的结论不是必然的，因为在相容选言推理中，前提中几个判断具有相容性，肯定前提中的一部分判断是不能否定另一部分判断的。

（6）如果当地大雾弥漫，则军舰不能起航；今日军舰没有起航；所以，今日当地一定是大雾弥漫。

这是一个充分条件假言推理的推理形式。对于充分条件假言推理，肯定前件（条件）可以肯定后件（结论），否定后件也可以否定前件，但是反过来是不行的。就是说，肯定后件不可以肯定前件，否定前件也不可以否定后件。这里就是肯定后件（军舰没有起航）从而肯定前件（当地大雾弥漫），因而是错误的。

（7）只有集中优势兵力，才能给敌人以歼灭性打击；这次战役集中了优势兵力；所以，这次战役能够给敌人以歼灭性打击。

这是一个必要条件假言推理的推理形式，对于必要条件假言推理，肯定后件可以肯定前件，否定前件也可以否定后件，但是反过来是不行的。就是说，肯定前件不可以肯定后件，否定后件也不可以否定前件。这里就是肯定前件（集中优势兵力）从而肯定后件（能够给敌人以歼灭性打击），因而是错误的。

（8）名不正则言不顺，言不顺则事不成。

这是一个纯假言推理的省略式，省略了结论“名不正则事不成”。纯假言推理中，前提和结论都是假言判断。纯假言推理表现为环环相扣，步步推进，可能出现不止两个前提而是多个前提，比如本例在《论语》中的完整表述是“名不正则言不顺，言不顺则事不成，事不成则礼乐不兴，礼乐不兴则刑罚不中，刑罚不中则民无所措手足”，其省略的结论是“名不正则民无所措手足”。

（9）如果抗战胜利，那么就是速胜，如果抗战不能胜利，那么中国会亡国；抗战或者胜利，或者不能胜利；所以，中国的抗战或者速胜或者亡国。

这是一个假言选言推理。假言选言推理是由两个或两个以上充分条件假言判断和一个选言支数目与假言判断相等的选言判断做前提，推出一个简单判断或选言判断结论的演绎推理。这种推理通常只有两个假言判断和一个二支选言判断作前提，从而推出一个使人左右为难的结论，一般又称为“二难推理”。上面这个例子推理形式是正确的，毛泽东在《论持久战》中之所以批判它，是因为它的其中一个前提“如果抗战胜利，那么就是速胜”是错误的，因而结论也是错误的。

（二）归纳推理

归纳推理是由个别性的前提推导出一般性的结论的思维形式。依据前提是涉及一类事物的全部对象或是部分对象，归纳推理分为完全归纳推理和不完全归纳推理。不完全归纳推理以概括的依据不同，又分为简单枚举归纳推理和科学归纳推理。

（10）某营三个连队全部参加抗洪抢险斗争，一连指战员英勇顽强，从水中营救出大批群众，二连指战员发扬两不怕的革命精神，保住了水库大坝，三连指战员克服重重困难，完成了运输粮食任务，因此，全营圆满完成抗洪抢险任务。

这是一个完全归纳推理，前提是某营的全部三个连队每一个都具有“完成抗洪抢险任务”的属性，从而推出结论全营都具有该属性。完全归纳推理是具有必然性的推理形式。

（11）在人们研究文字产生的过程时，发现各民族关于文字产生的传说都带有神秘性：我国有仓颉造字的神话传说；《圣经》上也说过，希伯来文字是上帝授予摩西的；柏拉图的《斐德罗篇》也记载过，埃及文字是戴特神（Theuth）所传授的。这是因为古代社会科学不发达，宗教迷信流行，神权统治着劳动人民，巫师垄断着文化知识，从而为文字的产生涂上了神秘色彩。

这是不完全归纳推理中科学归纳推理的例子。不完全归纳推理包括两种情况：一种情况是，所碰到的某类事物的部分对象，都具有某种性质而没有发现相反的情况，以此为根据而进行的不完全归纳推理，称为简单枚举归纳推理。另一种情况是，在有计划、有选择地对某类事物中的部分对象进行考察时，不仅没有碰到相反的情况，而且进一步分析和发现了所考察过的这一部分对象所具有某种性质的原因和内在必然性。建立在这种对事物进行科学分析基础上的不完全归纳推理，称为科学归纳推理。简单枚举归纳推理的结论具有或然性，而科学归纳推理的结论则有着一定程度的必然性。然而对于不完全归纳推理，我们一定要慎重行事，对它的或然性保持警惕，一旦出现反例，就可以断定结论是错误的。

（三）类比推理

类比推理是根据两个或两类事物某些属性相同，推出它们在另外某些属性上也相同。

（12）帝国主义指望着战争，但是他们能够从战争中指望着什么呢？半个世纪以来，我们已经经历过两次世界大战。第一次世界大战之后，在俄国出现了伟大的十月社会主义革命。第二次世界大战之后，在东欧和东方出现了更多的革命。如果帝国主义的好汉们决心发动第三次世界大战，他们除了促使世界资本主义制度根本灭亡外，不会得到什么别的结果。

这个类比推理就是根据第一次世界大战和第二次世界大战中帝国主义没有得到好结果这个前提，推出如果发动第三次世界大战，帝国主义也不会得到好结果的结论。

（13）19世纪末、20世纪初，天文学家在分析恒星光谱时发现，许多恒星的光谱线都向红端移动，表明我们接收的天体发出的光波频率正在变低。这是为什么呢？1929年，美国天文学家哈勃从多普勒效应得到启发。他认为，光谱红移现象类似于声源相对观察者运动时的声波频率降低现象，而声波频率降低是因为声源离观察者而去。因此，哈勃认为恒星离我们的距离越远，红移也就越明显。

这个例子是运用类比推理的方法对恒星的光谱红移现象进行科学

解释。情报编写中，类比推理往往会被拿来解释事物发生的原因或预测事物发展的方向。然而类比推理的结论具有或然性，要提高类比推理结论的可靠程度，取决于以下两点：一是类比对象相似性属性的本质程度，二是类比对象相似性属性的数量。类比对象间的共同属性与推出属性的结论越密切，类比对象间的共同属性越多，则结论的可靠性程度越大。

第二节 正确使用分析综合的辩证思维方法

分析与综合相结合是辩证思维的基本方法。作为一种逻辑方法，它的一般含义是：分析是在思维过程中，把认识对象分解为各个方面、部分、要素、环节和层次来加以研究的方法；综合是在思维过程中，将已有的关于认识对象的各个方面、部分、要素、环节和层次联系起来，形成对认识对象统一整体性认识的研究的方法。①

在情报编写中，分析与综合相结合的方法有着特别重要的意义。因为编写者在正式写作前，要从众多的材料中找出有关主题对象的各个方面、部分、要素、环节和层次，对其进行深入细致的分析，抽取出其中的必然、普遍性规律，然后将这些关于主题对象的各个方面、部分、要素、环节和层次多方联系，纵横比较，综合产生出由此及彼、由表及里的认识。

辩证思维的分析与综合是客观事物整体与部分辩证关系在思维中的

① 侯树栋、丁士峰：《辩证逻辑与军事应用》，军事科学出版社1989年版，第105页。

反映。在辩证思维看来，客观事物的整体不仅包括事物的各个部分、方面，而且包括全部发展过程。辩证思维分析的实质在于揭露客观事物各种矛盾及矛盾各个方面的特殊性，并对其进行深入、细致、周密的研究，以便把握事物的本质，揭示事物具有普遍意义的规律。例如邓小平在新的历史条件下关于我国战略方针问题的论述，就是建立在辩证分析与综合的基础上的。他从我国的现实出发，运用矛盾分析的方法，深刻分析了未来战争中敌我双方政治、经济、军事、地理诸因素及其特点，强调指出我们的战略方针是“积极防御”。首先，他认为，我国是人民民主专政的社会主义国家，国家的性质决定我们绝不会去侵略别的国家，革命不能输出，它只能是各国人民自己选择的结果。我们坚持和平共处的五项原则，在任何情况下不称霸，不首先发动战争，所以我们的战略方针只能是积极防御。其次，他认为四个现代化建设需要有一个较长时期的和平环境。他指出，大战固然可能推迟，但是一些偶然的、局部的情况是难以完全预料的。我们应该想到，如果现在敌人打来怎么办？因此必须贯彻积极防御的战略方针，有备才能无患。再次，他认为我国经济、文化还很落后，国防现代化只能建立在整个国家工业以及农业发展的基础上，因此要使我军装备完全现代化，还需要做出很大努力。这种武器装备上的敌优我劣、敌强我弱的情况，要求我们必须采取积极防御的战略方针[①]。这种从各个角度进行分析，然后又将各个相互联系的方面进行综合，得出最终结论，写成最后文章的过程，既是思维过程的显现，也是文章结构的表现。

下面我们来具体分析一篇文章。

---

① 参见侯树栋、丁士峰：《辩证逻辑与军事应用》，军事科学出版社 1989 年版，第 121—122 页。

印度将在南海问题上与日本携手对抗中国

《印度时报》的报道称，因为中国阻止印度加入核供应国集团和在联合国阻止将“穆罕默德军”头目列为恐怖分子名单，使得印中关系陷入低点，但印度“似乎能最终决定事态改观的时间”。文章引述“高级消息人士”的话称，上月，印度曾建议新加坡在两国声明中具体提到南海仲裁结果，反驳北京在南海声称的历史权利，但这一提议最后被新加坡总理李显龙否决。报道称，新加坡不是南海领土声索国，不想在有争议的南海问题上选边站。但现在，印度正在讨论，印度总理莫迪本周访问日本时，将与日方讨论该话题，并在印日两国联合声明中承认国际仲裁。

《印度时报》称，莫迪9月访问越南时印越两国曾发表“独一无二”的声明，除了常规性提及航行自由外，还提出要求尊重国际法，包括“对根据1982年《联合国海洋法公约》附件7组建的仲裁庭2016年7月12日作出的裁决予以认可”。印度似乎希望这一声明能“成为与其他国家的文件模板”。报道认为，与新加坡不同，日本对此将会有完全不同的反应。首先，日本官方最近告诉《印度时报》，日本鼓励印度在有争议的南海问题上发声。其次，在东海，日本正在日益增加对中国强势的警告。报道称，这次两国在联合声明中要公开承认国际仲裁，肯定会招致北京更加强硬甚至敌对的反应。当此前媒体报道称日本愿意降低US-2飞机的价格，以与印度达成购买协定时，中国就批评说：“如果有人推销合作的图谋不是那么光明磊落的话，可能就令人不齿了。”

“恼怒的印度暗示要在南中国海上转向？”《印度快报》7日称，加入核供应国集团对印度非常重要，印度希望借此牵制中国支持印度。印度《德干记事报》网站称，即便此前中国反对印度加入核供应国集团，印度在南海也保持了中立，但这有可能会改变。

对于《印度时报》的报道，《环球时报》记者7日致信印度外交部询问，未获得回应。印度问题专家马加力7日说，他认为，印日有可能在此次联合声明中提及南海仲裁，日本方面对此很期待，但印度政府未必想这样。中印关系的确存在一些问题，彼此间的战略互信仍然缺乏，《印度时报》的披露显示出印度一些人的某些情绪，但处理国与国关系不能情绪化，需要理性和理智，双边关系双边解决。日本想通过拉印度实现其政治目的意图是预料之中的，也是徒劳的，而印度拉上第三方对中印关系本身是不利的。

这篇文章涉及许多事件，比如南海问题、核供应国集团的问题、飞机购买问题等，也涉及许多国家间的关系问题，有中印关系、中日关系、印日关系、印新关系，甚至还有印越关系、中菲关系等。

先从涉及的事件看，文中要表达的重点是印度在南海问题上对抗中国，与之联系的一个事件是中国阻止印度加入核供应国集团，印度希望通过在南海问题上的发声影响中国对印度加入核供应国集团事件的态度，这是印度南海问题态度的目的；另一个相关事件是印度与日本飞机购买协定，这是印度因南海问题发声而与日本达成的协定，是印度南海问题态度的另一个目的和相关事件。

再从涉及的国际关系看，文中谈到的核心关系是中印关系，印度想通过努力牵制中国对印政策，印度在这个事件上的努力与日本关系密切，日本也想利用这一事件影响中日关系，因此印日和中日关系也成了文中相对比较重要的部分。至于涉及的印度和新加坡关系，主要是用来与印度和日本关系进行对比而存在，本身的重要性相对较弱，印越和中非关系也只是稍稍提及。同时，印度此前在南海问题上的中立态度和现在的态度之间也构成了一种对比，显示了一个动态变化的过程。

作者在对各个问题和各种关系进行分析的基础上，考察事物间复杂的内在联系，并根据其联系的性质将其综合起来进行表述，内在层次关系清晰，主题表达准确突出，显示了分析和综合的逻辑方法在情报编写中的意义。

但是在将事物各个方面联系起来进行综合研究时，也要注意彼此间的关系应该符合现实，要对其间的关系进行认真的分析，不能将没有关系的强行联系，不能将偶然联系说成必然联系，不能将此种联系说成彼种联系，下面这个例子就很好地说明了这个问题：

> 1974 年 1 月 17 日至 20 日，我军收复了西沙群岛。越伪军是否会反扑西沙群岛？这是各方非常关心的问题。这时，有关媒体获悉越伪总统有命令，准备回窜西沙；同时获悉越伪军有 17 架直升机在岘港待运。

事实上这两件事并无内在联系。但情报人员未进行深入研究，就把这两件事想当然联系在一起，得出了“越伪军拟用 17 架直升机反扑西沙”的错误结论。实际上，越伪海军当时并没有运送 17 架直升机参战的能力；从信息反映的情况看，那 17 架直升机应是散件运输到某地，并不是整机运输。而利用散件直升机临时在海上组装后即实施反扑西沙的任务是不可能的。事后证明，越伪军只有反扑西沙的想法，而未付诸实施。

第四章

语言表达能力与情报编写

情报语言属于实用书面语，与一般实用书面语的表达要求是一致的，但是比一般的实用书面语表达要求更高一些。情报语言要求准确规范，符合汉语的语法规则；语义表达清楚明白，便于理解，没有歧义；语言表述简洁凝炼，言简义丰，用尽可能少的语言符号传达尽可能多的信息；语言风格力求本民族化，情报编译过程中尽量避免外语负迁移的干扰，语言表达要符合汉语的表达习惯。进行情报编写需要情报人员具备准确运用词语的能力、正确组织语句的能力以及准确运用标点符号的能力。

第一节　培养准确运用词语的能力

情报语言表达要求词语使用准确、严谨、规范，具体内容包括词语书写正确，区别使用同音词、近音词和近义词，正确使用易混淆的常用词，规范使用数量词，合理运用词语的附加修辞功能，规范使用缩略语，并注意媒体语言中的慎用词和禁用词。

一、情报编写中常见的词语书写错误

一篇文稿最基本的要求是文从字顺，没有文字书写错误。情报编写中出现错别字主要由两个原因造成：一方面是由于电脑排版技术操作失误产生的错别字，另一方面是由于没有准确理解词义而造成的书写错误。例如，“几千字的报告，上万字的总结，只要把任务交给他，依马可待。”句中“依马可待”应为“倚马可待”。“依”，音 yī；“倚”，音 yǐ。《说文》中两字互训：在解释“依”字时，说“依，倚也”；在解释“倚”字时，又说“倚，依也”。两个字的本义别无二致，但在实际使用中，还是有微妙的区别的。“依”偏向于挨着，间距很小，如“依山傍水”“白日依山尽”；“倚”偏向于靠着，往前为“凭”，往后或往两边则为“倚”，如“倚着东门”“倚着树干”。“倚马可待”说的是晋代桓温领兵北征时，命令袁虎起草公文，袁虎靠着马背，手不停挥地写下了七张纸，而且写得文从字顺。后世便用“倚马千言”“倚马可待”形容文思敏捷。此处的“倚”是靠着，理应用“倚”。所以，准确理解词义是排除书写错误的重要前提。

下面是情报编写中常见的词语书写错误：

姣健（矫）	引伸（申）	愐怀（缅）	必竟（毕）
结骨眼（节）	篇副（幅）	慈详（祥）	谍血（喋）
布署（部）	渡假村（度）	风糜（靡）	座落（坐）
精络（经）	好象（像）	哈蜜瓜（密）	赋与（予）

针贬（砭）	膨涨（胀）	详实（翔）	冷不妨（防）
家俱（具）	砒漏（纰）	凋蔽（敝）	编缉（辑）
依金笔（铱）	演译（绎）	拢络（笼）	遛达（溜）
辨证法（辩）	腊黄（蜡）	桨糊（浆）	消赃（销）
咀咒（诅）	恣态（姿）	鼓燥（噪）	粘度（黏）
粘帖（贴）	技俩（伎）	壶奥（壸）	气慨（概）
切蹉（磋）	陷井（阱）	融恰（洽）	和霭（蔼）
报憾（抱）	璀灿（璨）	发楞（愣）	协迫（胁）
天燃气（然）	碳烧（炭）	搏弈（博）	脉膊（搏）
安祥（详）	蜂涌（拥）	凭添（平）	追朔（溯）
防碍（妨）	凑和（合）	蜇伏（蛰）	装祯（帧）
膺品（赝）	发韧（轫）	坐阵（镇）	幅射（辐）
既使（即）	金钢钻（刚）	按装（安）	粗旷（犷）
精减（简）	严竣（峻）	挖墙角（脚）	通谍（牒）
和舟共济（衷）	一愁莫展（筹）	语无论次（伦）	合盘托出（和）
德高望众（重）	病入膏盲（肓）	相形见拙（绌）	一暴十寒（曝）
披沙捡金（拣）	承上起下（启）	闻过饰非（文）	真知卓见（灼）
箭拔弩张（剑）	再接再励（厉）	按步就班（部）	直接了当（截）
一张一驰（弛）	含辛如苦（茹）	山青水秀（清）	既往不究（咎）
拾人牙惠（慧）	委屈求全（曲）	出奇治胜（制）	坐收余利（渔）
申张正义（伸）	遗笑大方（贻）	水乳交溶（融）	变本加利（厉）
言简意骇（赅）	要言不繁（烦）	细水常流（长）	蓬蓖生辉（荜）
查言观色（察）	哀声叹气（唉）	门可落雀（罗）	凭心而论（平）
以逸代劳（待）	连篇累椟（牍）	精兵减政（简）	食不裹腹（果）
人才倍出（辈）	各行其事（是）	信口齿黄（雌）	温柔钝厚（敦）

唇枪舌箭（剑） 明枪暗剑（箭） 依马可待（倚） 滥芋充数（竽）
陈词烂调（滥） 得不尝失（偿） 寥若辰星（晨） 坦荡如坻（砥）
暗然泪下（黯） 黄梁美梦（粱） 嘎然而止（戛） 谈笑风声（生）
前扑后继（仆） 同仇敌概（忾） 美伦美奂（轮） 老声常谈（生）
按耐不住（捺） 旁证博引（征） 声名雀起（鹊） 雍荣华贵（容）
一股作气（鼓） 穿流不息（川） 专横拔扈（跋） 出奇不意（其）
不无稗益（裨） 娇揉造作（矫） 奴颜卑膝（婢） 烩炙人口（脍）
姿意妄为（恣） 对薄公堂（簿） 不径而走（胫） 甘败下风（拜）
磬竹难书（罄） 沤心沥血（呕） 貌和神离（合） 草管人命（菅）
萎糜不振（靡） 不落巢臼（窠） 默守成规（墨） 随声附合（和）
迫不急待（及） 无所不用其及（极）

二、情报编写中易混淆的同音词、近音词或近义词

汉语中有大量的同音词和近音词，它们的读音相同或相近，意义也相近，在使用中很容易混淆。根据语言经济性原则，语言中完全等义的词是很少的，除了少数日常生活词汇和科技术语外，绝大部分近义词在理性意义或色彩意义上存在细微的差别。如“蔑视”和“轻视”有程度轻重的差别，“边疆”和“边境”所指范围的大小有区别，“侵犯”和“侵占”搭配对象不同，“成果”“结果”“后果”感情色彩不同，“拘泥”和“拘谨”、“申明”和“声明”词性不同。在情报编写中，要加以辨析并正确使用。

下面是情报编写中容易混淆的同音词、近音词或近义词。

（1）权力：强制力量，是集体赋予领导主体支配公共价值资源份额的一种资格。如：行使权力。

权利：依法享受的权益，通常包含权能和利益的两个方面。如：享有权利。

（2）溶化：物质在液体里化开。如：盐溶化于水。

熔化：金属用火加热变成液体。如：铁熔化为铁水。

融化：固体受热变为液体。如：冰、雪融化为水。

（3）擅长：在某方面有特长。如：擅长绘画。

擅场：压倒全场，在某种专长方面超过一般人。如：擅场之作。

（4）声明：①公开表示态度或说明真相。如：公开声明。

②声明的文告。如：发表联合声明。

申明：郑重地申述理由。如：申明原因。

（5）实行：用行动来实现。如：实行改革。

施行：①加以推行，使之生效；执行。如：本条例自公布之日起施行。

②按照某种方式或办法去做。如：施行手术。

（6）熟悉：了解得很清楚。如：熟悉情况。

熟习：对某种技术或学问很熟练或了解得很深刻。如：他熟习英文。

（7）推脱：推卸、摆脱。如：推脱责任。

推托：借故拒绝。如：推托有事。

（8）委曲：委婉曲折，暂时忍受。如：委曲求全。

委屈：受冤枉心里难过。如：平白无故受委屈。

（9）违反：不遵照，不依从。如：违反意志。

违犯：违背，触犯。如：违犯法律。

（10）侮蔑：轻视，轻蔑。如：带有侮蔑的口气。

诬蔑：捏造事实败坏别人的名誉。如：造谣诬蔑。

（11）心酸：心里痛苦，悲伤。如：听了叫人心酸。

辛酸：比喻苦难的遭遇。如：流下辛酸的泪。

（12）须要：一定要。如：头脑须要冷静。

需要：①应该有或必须有。如：体弱需要营养。

②对事物的欲望或要求。如：读者需要。

（13）消失：事物逐渐减少以至于没有了。如：人影消失。

消逝：一般指时间、流水“走”远了。如：时光消逝。

（14）喧腾：喧闹沸腾。如：人声喧腾。

暄腾：松软而有弹性。如：馒头蒸得暄腾。

（15）玄乎：玄虚难以捉摸。如：他说得也太玄乎了。

悬乎：危险；不保险、不牢靠。如：这事办得可悬乎了。

（16）压制：用威力使人屈服。如：压制批评。

抑制：按住，控制。如：抑制不住内心的喜悦。

（17）必需：必不可少的。如：生活必需。

必须：一定要那样做。如：必须照办。

（18）暴发：①突然发作。如：山洪暴发。②突然发财。如：暴发户。

爆发：①岩浆迸出。如：火山爆发。

②（事变）突然发生。如：爆发革命。

（19）长年：一年到头，整年。如：长年在野外工作。

常年：①终年，长期。如：常年守卫。

②平常的年份。如：常年收成较好。

（20）成规：久已通行的规则。如：墨守成规。

陈规：不适用的旧规章。如：陈规陋习。

（21）篡改：用作伪的手段改动或曲解（经典、理论等）。如：篡改历史。

窜改：改动（成语、文件、古书等）。如：窜改原文。

（22）遏止：用力阻止。如：革命洪流不可遏止。

遏制：控制，制止。如：遏制激动的感情。

（23）发愤：决心努力。如：发愤用功。

发奋：振作起来。如：发奋有为。

（24）妨碍：阻碍。如：妨碍交通。

妨害：有害于。如：妨害健康。

（25）分辨：辨别，分析区别。如：分辨真假。

分辩：辩白，解释争论。如：当场进行分辩。

（26）扶养：养活。如：由他扶养长大。

抚养：爱护，教养。如：抚养子女。

（27）贯串：连贯。如：这篇文章前后的意思贯串不起来。

贯穿：穿过，连通。如：这条路贯穿了5个省。

（28）灌注：浇进，注入。如：把铁水灌注到模型。

贯注：①连贯，通连。如：一气贯注。

②（精神、精力）集中。如：全神贯注。

（29）涣然：形容（嫌隙、疑虑、误会等）完全消除。如：涣然冰释。

焕然：形容有光彩。如：焕然一新。

（30）急流：湍急的水流。如：急流险滩。

激流：湍急的水流，受阻而涌起。如：激流勇进。

（31）简洁：说话、写文章简明扼要。如：文笔简洁。

简捷：直截了当。如：说话简捷有力。

（32）坚苦：坚忍刻苦。如：坚苦卓绝。

艰苦：艰难困苦。如：艰苦奋斗。

（33）检察：审查被检举的犯罪事实。如：检察案情。

检查：为了发现问题而用心查看。如：检查身体。

（34）截止：（到一定期限）停止。如：报名在昨天已经截止。

截至：截止到（某个时候）。如：报名日期最迟截至本月底。

（35）界限：不同事物的分界。如：划清思想界限。

界线：两个地区分界的线。如：跨越界线。

（36）聚积：一点一滴地累积。如：把闲散的资金聚积起来。

聚集：集合，凑在一起。如：从四面八方聚集。

（37）考察：实地观察调查。如：考察水利工程。

考查：用一定的标准来检查衡量。如：考查成绩。

（38）宽待：宽大对待。如：宽待俘虏。

宽贷：宽容，饶恕。如：对知法犯法的人，决不宽贷。

（39）蒙胧：两眼半开，看东西模糊。如：睡眼蒙胧。

朦胧：月光不明，不清楚。如：月色朦胧、烟雾朦胧。

（40）牟取：谋取（名利）。如：牟取暴利。

谋取：设法取得。如：谋取利益。

（41）旁征：广泛收集。如：旁征博引。

旁证：侧面的证据。如：人证、物证以外，还有旁证。

（42）期望：对未来的某物或人的前途有所希望。如：不辜负大家的期望。

希望：要求、盼望达到某种目的。如：我抱着希望。

（43）振动：往复振荡。如：电线被风刮得振动不已。

震动：①颤动。如：春雷震动山谷。

②激动人心。如：震动全国的大事。

（44）蒸气：液体、固体升华成气体。如：水蒸气。

蒸汽：水蒸气。如：蒸汽机。

（45）志愿：志向，意愿。如：为人民服务是我的志愿。

自愿：自己愿意。如：自愿参加。

（46）制定：定出（法规、政策等）。如：制定方针。

制订：创制拟定。如：制订下一步工作计划。

（47）治服：治理、整治使之服从。如：治服了洪水。

制服：强力压服。如：这匹烈性马被制服了。

（48）终身：一生，一辈子（多就切身的事说）。如：终身大事。

终生：一生（多就事业说）。如：奋斗终生。

（49）议案：人大代表向人民代表大会提出的书面意见和建议。

提案：政协委员和参加政协的各党派、各人民团体以及政协各专门委员会，向政协全体会议或者常务委员会提出的书面意见和建议。

（50）入驻：团体性的占领或者包围某区域的集体政治行为。如：中央巡视组入驻某单位。

入住：普通的个人进入居住或者工作等个人行为。如：入住新居。

（51）通讯：专指一种新闻体裁。如：通讯社。

通信：特指用电波、光波等传送语言、文字、图像等信息。如：通信系统。

（52）服法：主观承认，心甘情愿的接受法律判决。

伏法：不管主观是否承认或接受，只要构成犯罪就要接受法律的判决。

（53）泄密："密"强调隐蔽内容，主观上不让人知道，如"密谈""机密""泄密"等。

揭秘："秘"强调内容隐蔽，客观上不为人所知，如"秘方""秘史”“揭秘”等。

（54）蜇人：“蜇”，指蜂等用毒刺刺人或动物。如：胡蜂蜇人。

蛰伏：“蛰”，是蛰伏的意思，比喻人或者事物、事件隐藏不露面。

（55）受权：指接受国家或上级委托有权力做某事。如：律师受权声明。

授权：将完成某项工作所必须的权力授给部属人员。如：授权委托书。

（56）潟湖：是浅水海湾因湾口被淤积的泥沙封堵阻泻而形成的湖，也指珊瑚礁围成的水域。如：黄岩岛的潟湖。

泻湖：是“潟湖”的曾用名，已被淘汰。

（57）泄露：“泄露”的对象一般是机密信息。

泄漏：液体、气体等的漏出。如：日本地震引发核泄漏危机。

（58）合龙：特指修筑堤坝或桥梁等从两端施工，最后在中间接合的工作。如：工程合龙。

合拢：可指堤坝、桥梁以外一般事物的闭合。如：双手合拢。

（59）侧目：指斜目而视，形容愤恨或者畏惧的样子。如：侧目而视。

瞩目：惹眼，注视。如：他的研究成果令世界为之瞩目。

（60）无时无刻：必须与“不”搭配才能表达肯定的意思。

每时每刻：常与“都”搭配。

（61）故里：指故乡，老家。如：早思归故里，华发等闲生。

故地：曾经到过，或曾经生活、居住过的地方。如：千里来寻故地，旧貌变新颜。

故居：指有名望又作古了的人在故乡居住过的居室。如：白居易故居。

（62）狙击：进攻性的偷袭。如：狙击敌人。

阻击：防御性的阵地战。如：疫情阻击战。

（63）营利：指主观上谋取利润。"非营利机构"不能误写为"非盈利机构"。

盈利：指客观上获得利润。如：公司营利是为了盈利。

（64）望其项背：表示差距不大，赶得上或比得上，多用于否定式。如：难以望其项背。

望尘莫及：表示相差悬殊。如：闯王确实有非凡之处，为当今群雄所望尘莫及。

（65）州：用作行政区划名称。如：月儿弯弯照九州，几家欢乐几家愁。

洲：水中陆地。如：关关雎鸠，在河之洲。

（66）不瘟不火：指表演既不沉闷也不过火。如：他的表演不瘟不火，分寸拿捏得很好。

不温不火：不冷淡也不火爆，形容平淡适中。如：二手房市场依然不温不火。

（67）标志：表明特征的记号。如：这篇作品是作者在创作上日趋成熟的标志。

标识：①标示识别。如：秘密等级是标识公文保密程度的标志。

②用来识别的记号。如：发文机关标识。

（68）精粹："精"指经拣选的好米，"粹"指纯净而无杂质的米，两者并列，引申指提炼出的好东西，精华。"精粹"不可误为"精萃"。

集萃："萃"本义是草丛生的样子，引申为动词，义为聚集，如荟萃、集萃、萃聚。又可用作名词，指群、类。成语有“出类拔萃”。

（69）巨擘：“擘”，用作动词时，义为分开、剖开，如成语有“擘肌分理”；用作名词时，义为大拇指，所谓“巨擘”，比喻在某一方面居于首位的人物。不可误写为“巨擎”。

擘画：也作“擘划”，谋划，经营，谋略。如：党的十九大擘画了党和国家事业发展的目标和任务。

三、情报编写中易混淆的常用词

（一）“的、地、得”混乱使用的现象

情报编写中，“的、地、得”混乱使用的现象非常普遍，如下面这个语句：

美国国防部发言人奎格利当地时间29日下午在五角大楼宣布，美国将把滞留在中国的受损的EP–3侦察机大块拆解后，运回国内，然后再进行必要地维修和拼装，最后将其重新投入使用。

“再进行必要地维修和拼装”中“地”应改为“的”。

“的、地、得”混乱使用有历史的原因。早些年，曾有学者提出：“的”和“地”的分工是从新文化运动开始的，主要是为了适应外文翻译的需要，而在汉语历史上，过去曾经不分，也并未引起混乱。这一主张造成的后果是，1984年《中学教学语法系统提要（试用）》提倡不分“的”和“地”。但是事实上，“的、地、得”的分工使得汉语书面语的表达更为科学、精密和准确，这是现代汉语书面语自身发展的客观需要，而不仅仅是为了外文翻译。例如：

“我们需要实事求是的调查”（“我们”不一定参与调查）/“我们需

要实事求是地调查”（“我们”参与调查），“他喜欢剧烈的运动”（指喜欢的运动种类）/“他喜欢剧烈地运动”（指喜欢的运动方式），“小李说的好”（小李的意见正确）/“小李说得好”（小李的表达良好），“好的没话说”（对于好的商品没意见）/“好得没话说”（商品质量非常好），“这头牛拉的比拖拉机还多”（指牛拉的东西多）/“这头牛拉得比拖拉机还多”（指牛的力量大），“他高兴地笑了”（指笑的状态形貌）/“他高兴得笑了”（指高兴的程度或结果）。

从学术界的观点看，目前几乎所有的高校现代汉语教材、权威辞书都是主张区分“的、地、得”的，例如《现代汉语词典》明确指出“的”字用在定语后面，“地”字用在状语后面，“得”字用在补语前面，并没有“的、地、得”不分的说法（该词典第5版“的”字另有“同‘得’”的用法，但第7版已改成“旧同‘得’”，也就是说“的、得”不分是旧时的现象，现代汉语“的”没有“得”的用法）。

“的、地、得”三字的区分使用，早在唐宋白话中就开始了。

首先出场的是我们使用频率最高的“的”，据《广韵》入声卷记载：“的，指的，又明也。”可见“的”最开始是个形容词，指明亮、光明的样子。直到唐末，它才被用作助词，不过那时它写作“底”。

在古典白话初兴时，“底”常作形容词后缀，比如杨万里咏荷花的诗中说：“红芙蕖杂白芙渠，红底终稠白底疏。”再如《朱子语类》：“不是将好底换了不好底。”元明之后民间小说兴起，随着大量口语进入文本，“底”逐渐被“的”取代。清末民初新文化运动之际，作为白话始祖的“底”曾一度复兴，胡适等学者专门为“底、的”之分大撕过一番，最终以“的”的胜出作为结束。

“地”用作助词也可上溯到唐宋年间。不过，那时它是作为连绵词的后缀使用，例如《董西厢》：“人死后浑如悠悠地逝水。”由于连绵词经常用作状语，所以“地”渐渐变为副词后缀，如《刘知远诸宫调》:“不住地偷观知远。”

从这些例子可以看出，在宋元白话中，古人已经能区分“底（的）”和“地”了。

不同于“的、地”经历了一个假借的过程才成为助词，“得”是由直接实义动词“得”虚化而来。“得”的出场时间很早，甲骨文里就有了，多年来一直当作获得、得到的意思来使用。至唐时，已有了宾语用途。如白居易《长恨歌》开头的名句:“汉皇重色思倾国，御宇多年求不得。”宋之后，则逐渐接近现代汉语意义上的助词“得”，尤其在明清白话小说中，“得”用得十分普遍，如《三国演义·第五回》:“八路人马都看得呆了。”

所以说，“的、地、得”本源就不同，不能混用。“的”是定语的标志，“地”是状语的标志，“得”是补语的标志。

（二）“前”与“原”的区别

“前”和“原”都可以用在职务前或机构前，我们要区别的是:用“前”还是用“原”？如果职务和机构并存,“前”和“原”放在哪个前面？

且看下面四种表述:

新华社新闻研究所前所长

新华社新闻研究所原所长

前新华社新闻研究所所长

原新华社新闻研究所所长

放在职务前“前”和“原”用法是有区别的:

《现代汉语词典》词条“前任”一词的释义是:“在担任某项职务的人之前担任这个职务的人，如‘他是工会的前任主席’。”这里的“任”

字常被省略掉。如“××是新华社新闻研究所前所长，而现所长是××”。“前所长”“现所长”是不同的两个人。

“原”往往是相对于同一个人的“现”任职务而言的。《现代汉语词典》词条“原”的释义有一条是“原来”；词条“原职”的释义是“原来的职务”。例如，我们可以说“研究所原所长××现为该所顾问”，“××市原副市长××去年5月当选为市长”等。

放在机构前“前”和“原”都可以用：

《现代汉语词典》词条“前”的另一种释义是：“从前的（有时指现在改变了名称、身份的机构或人等），如‘前政务院’。”“原”放在机构前，也有这种含义。例如，我们可以说，“××是××大学传播学院（前新闻学院）院长”，或“××是××大学传播学院（原新闻学院）院长”。也可以说“××大学新闻传播研究所（前新闻研究所）所长××”和“××大学新闻传播研究所（原新闻研究所）所长”。这里“前”“原”含义是一样的，都是用来表述现已改名的机构。再一种用法是指现已改组成另一机构的某机构。例如，“经贸学院由前经济学院和前商学院合并组成”，或“经贸学院由原经济学院和原商学院合并组成”。

如果职务和机构并存，“前”和“原”放在哪个前面？

《期刊编辑校对实用手册》有例句：

王力是中国文字改革委员会原副主任。

阳建国是前广西新闻出版局局长。

表示某人曾任职务时，常在职务前加上“原”或“前”。当职务所属机构、单位已不存在或已改名时，“前”和“原”应置机构、单位名称前。反之，“前”和“原”应置职务前。据此，上述两例应改为：“王力是原中国文字改革委员会副主任。”“阳建国是广西新闻出版局前局长。”

需要特别强调的是，在指人时，“前”“原”应直接放在职务之前，如“前所长”“原所长”，把“前”“原”放在机构名称前，会产生歧义，是不妥的。“前新华社新闻研究所所长”“原新华社新闻研究所所长”的用法，有可能使人误以为“新华社新闻研究所”现已改名，或已不存在。因此，如果不是机构已改名或不存在，只是要表述人的职务，“前”“原”应避免放在机构之前，而应直接放在职务（如“所长”）之前，这样就不会产生歧义。

综上所述，“前”和“原”指人时是有区别的，区别还是相对的，“前”相对于不同于自己的“前任”，“原”相对于自己之前的职务。用在机构前时，“前”和“原”是一样的，都表示这个机构更名了或不存在了。机构是已经不存在或更名了，“前”和“原”放在机构前；机构存在职务是以前的，“前”和“原”放在职务前；职务和机构都是原来的或以前的，“前”和“原”放在机构前。

（三）“作”和“做”的区别

“作”和“做”本来是一个字。古代只有“作”字，是个入声字。后来在口语中变成去声，可是书面语还是入声，就有人造出一个“做”字来代表口语中的去声字音。长期以来，“作”和“做”的使用比较混乱。如下面这段话：

巴基斯坦内政部长乔杜里·尼萨尔·阿里汉发表声明称，鉴于巴塔已宣布无条件停火，政府决定停止针对巴塔武装分子的空袭。乔杜里·尼萨尔·阿里汉表示，巴基斯坦政府把巴塔宣布停火的行为视为积极的进步，并希望谈判重回正轨。但他同时表示，政府和军方将有权对任何暴力事件做出回应。

语段中，是“做出回应”还是“作出回应”？

为了解决这个问题，《现代汉语词典》（第6版）本着“注重语言事实，讲究学理，尊重习惯，便于操作”的原则，对全书中所有用到“作”和“做”的词语做了归类分析。认为二者的区别主要在于：“作”的书面色彩较浓，宜用于书面语体，主要用来构词，为不成词语素；“做”的口语色彩较浓，宜用于口头语体，具有词的地位，主要用于造句。《现代汉语词典》（第7版）是这样处理的：

（1）凡能单独使用的一般用“做”，不论其所带宾语是名词还是动词，如：做家具、做功课、做朋友、做了一篇文章、做检查、做装修、做研究、做贡献、做决定、做了很多修改。

（2）单音节动词后面的zuo，考虑到已经构成了一个韵律词，推荐用“作”。如：比作、变作、称作、当作、读作、化作、记作、叫作、看作、认作、算作、写作、用作、装作。

（3）在双音词、成语或四字格等固定结构中有“作”或“做”的，一般遵从习惯写法，如：做东、做证、做作、小题大做、做贼心虚；作弊、作孽、作声、作死、作秀、下作、作茧自缚、雷声大作、述而不作、自作多情。

根据《现代汉语词典》对“做”和“作”的区分，上述语段中“做出回应”应改为“作出回应”。

（四）“其间”和“期间”的区别

容易用错的词是“期间”，如“期间，我参加了一次作战任务”。“期间”不能单独放在句首使用，应该写成“其间”。

“其间”是指某一段时间，它的前面总有一段关于时间的叙述，“其间”承接上文表示“这段时间里”或“那段时间里”。如我们熟知的经典例子：

我从乡下跑到京城里，一转眼已经六年了。其间耳闻目睹的所谓国家大事，算起来也很不少。（鲁迅先生《一件小事》）

“其间”在这里承接上文从乡下跑到京城里六年时间而来，“其间”前面除了能加“这”或“那”的情况外，只能单用。有人认为“其间”是一个文言词组，“其”是“这、那”义，“其间”前面不能再加“这”或“那”。其实，在“其间”指某一段时间这个义项中，“其间”已经凝固成词，“其”已经虚化，不表示指代意义，不能再按照字面义拆解。如果有近指或者远指的表达需要，则在“其间”的前面可以加上“这”“那”来指明，这种用法类似于“这其中”。如：

离开学校已经好几年了，这其间，他的科学研究工作成绩显著。（《现代汉语词典》第1—5版“其间”义项2的举例）

“期间”意思是某个时期里面，它前面应该有限定成分，从结构层次看，是“（限定成分+期）+间”，由于韵律的关系，把“期间”连在了一起，如“这期间、那期间、暑假期间、开会期间”等等，这种情况如同“年间”“生人”的用法，如“清康熙年间”（结构层次为“清康熙年+间”），“1949年生人”（结构层次为“1949年生+人”）。因此，追溯“期间”的来源，“期间”前应该有表示某个时期的限定成分，不能单用，如：

文在寅总统计划在16日休息后讨论访问结果的后续措施，并检查清点访问期间的国情状况。

（五）“象”和“像”的区别

“象”与“像”音同义近，使用时常常容易混淆，情报编写中“象”与“像”混用、误用的情况相当普遍。例如：象这样的行为，在军营中是不允许的。句中“象”应改为“像”。

20世纪50年代，《汉字简化方案》中曾规定以“象”代“像”。1964年公布的《简化字总表》将“像”作为“象”的繁体字处理，并在脚注中注明“在‘象’和‘像’意义可能混淆时，像仍用像”。1986年国家语委重新公布《简化字总表》时确认“像”为规范字，不再作为“象”的繁体字，但未对两字的用法做明确分工。

2001年10月18日，全国科学技术名词审定委员会和国家语委召开了“‘象’与‘像’用法研讨会”。与会专家认为：“象”指自然界、人或物的形态、样子；“像”指用模仿、比照等方法制成的人或物的形象，也包括光线经反射、折射而形成的与原物相同或相似的图景。确定“想象”为推荐词形。《现代汉语词典》（第5版）按照“‘象’与‘像’用法研讨会”的意见改立“想象”为主条，“想像”为副条。即，“想象”与“想像”通用，首选词形为“想象”。

“象”与“像”的区别如下：

“象”表达下述三种意思：①表示动物，如象牙、白象；②表示形状、样子，如景象、气象、印象、万象更新；③表仿效、模仿，如象形、象征。

“像”表示下述四种意思：①表示人像，如画像、肖像；②表示相似，如两人很像；这只猫画得不像；③表示如同，天像要下雨了，工地上的灯火好像布满天空的星星；④表示比如，瓜子的种类很多，像西瓜子、南瓜子等。

四、情报编写中常见的数量词使用错误

（一）“零”和“〇”的混用

在使用汉字数字时，“零”和“〇”常被弄混。阿拉伯数字“0”有“零”和“〇”两种汉字书写形式。2011年开始正式实施的《出版物上

数字用法》规定：一个数字用作计量时，其中“0”的汉字书写形式为“零”；用作编号时，“0”的汉字书写形式为“〇”。许多人在涉及编号的场合，错误地以“零”代“〇”。比如，“二零二一年”是错误写法，应该是“二〇二一年”。

（二）阿拉伯数字和“几”连用

阿拉伯数字和“几”连用是不正确的。例如：“国际油价跌至每桶70几美元”,“油价跌至60几美元每桶”。“70几”“60几”应写成“七十几”“六十几”。“几”是数词，表示二至九之间的不定的数目。《出版物上数字用法》明确规定：含“几”的概数，应采用汉字数字。如：几千、二十几、一百几十、几十万分之一。

（三）使用计量单位时常见的错误

把“摄氏度”分开来写成“摄氏”多少“度”，如“摄氏15度”“摄氏20度”，是不正确的。准确的表达方法应是“15摄氏度”“20摄氏度”。摄氏度是法定计量单位，不能随意拆开。

计量单位中常见用字错误是：吋（yīng’cùn）。如：“52吋液晶电视”。“吋”是一个淘汰字，应该改用“英寸”。1977年国家发出《关于部分计量单位名称统一用字的通知》，淘汰了部分计量单位的旧译名用字，“吋”是其中之一。

（四）经常误用的量词“位”

“位”不是一个普通的量词，有敬重意味。但有些文章却用其表达“一位罪犯”或“一位贪官”。“位”也不应用于自称。

（五）表述范围失当

句中有“至少”“最多”“最高”“最低”“近”“约”“超过”等这一类词语时，它们后面搭配的应该是确数，而不能是概数。如：“在朝鲜半岛周边举行的军演将从4日开始，为期5天，预计将有包括美军最新锐的隐形战斗机F–22和F–35在内的约230多架飞机和大约1万2千多人参加。”句中“约230多架飞机”应改为“约230架飞机”，“大约1万2千多人”应改为“大约1万2千人”。

（六）“二”“两”和“俩”的混用

“两”和“二”意思相同，但习惯用法有区别。

（1）读数目字只用“二”不用“两”，如“一、二、三、四”。

（2）小数和分数只用“二”不用“两”，如“零点二（0.2），三分之二”。

（3）序数也只用“二”，不能用“两”，如“第二、二月份”。

（4）在量词前用“两”不用“二”。“两”字常用于量词和“半、千、万、亿”前，如“两扇门/两本书/两匹马/两个半月/两半儿/两千块钱”。

（5）在传统的度量衡单位前，“两”和“二”一般都可以用，用“二”为多（“二两”不能说“两两”）。新的度量衡单位前一般用“两”，如“两吨”“两公里”。

（6）“二”和“三”连用时，数目不超过十，一般用“两”不用“二”，如“两三个”不说“二三个”，当超过二十时，一般用“二”不用“两”。如“二三十万”。

（7）在多位数中，“百、十、个”位用“二”不用“两”，如“二百二十二”。“千、万、亿”的前面，“两”和“二”一般都可以用，但“千”在“万、亿”后，以用“二”为常，如“三万二千”“两亿二千万”。

（8）“两”偏重于特指数量，如“两人”中重点往往是“两”，用以表明这是两个人，而不是一个或三个。“二”偏重于整体或物体的属性，如“二人”中偏重于“人”，不是狗或猫，又或者偏重于表明这是两个人一起去做什么，不是一个人去或一前一后去（特别说明除外）。这起源于宋朝官话，在明清时已经约定俗成，成为默认的语法。

（9）关于“俩”字，使用上比较好把握，它主要表示“两个”的意思，如“咱们俩/你们俩”。用了“俩”，后面不能再加“个”字或其他量词。

五、情报编写中词语运用的附加修辞功能

（一）词语的语体及风格标示功能

理性意义相同的词语有口语语体和书面语体之分。口语语体的词语使文章呈现通俗、平实、诙谐、幽默的语言风格，书面语体的词语常用在庄重典雅、正式严肃的语言风格的文章中。情报编写多用书面语体词汇，少用或不用口语语体词汇。例如“解决”“搞定”“摆平”“搞掂”等词语，都有把问题解决、把事情办成的意思，但它们的风格特征却不尽相同。“解决”的语体特征不明显，既可以用于口语，也可以用于书面语。但“摆平”“搞定”“搞掂”则多用于口语中，具有诙谐幽默的功能。情报编写选用“解决”，而不用“搞定”“摆平”“搞掂”等词语。

在情报整编的翻译过程中，词语的语体及风格标示功能也具有重要的参考价值。比如，英语的“communication”具有多种意义，翻译成汉语有许多同义词：通信、通讯、交通、交际、交流、交往、传播等等，

但是不同的语境中可以翻译成不同的词语，比如“交通银行”“人类交往”“跨文化交流”“传播学”等等。实际上，在“传播”“传播学”的翻译中，用“交际”“交流”乃至于“交际学”“交流学”，也难说不可以，理性意义没有多大差异。但为什么翻译成“传播”“传播学”呢？风格效果不一样。因为“传播”“传播学”的书面语特征比较突出，具有雅致的风格特点，而“交际”“交流”以及“交际学”“交流学”口语特征明显。这说明了词语语体及风格标示功能在翻译中的重要价值。

再如1946年前后，中国的科学院即将产生，科学院成员的名称用什么好呢？如何翻译英语中的“Academician”？

为了Academician，科学家们还是煞费了心思。起初拟为“会员”，觉得太俗。而后称为“学侣”“院侣”，没有科学倒有了宗教味。又说译为“院员”吧，更不好听，好像是扫大街的清洁工。几经周折，傅斯年先生倡议称“院士”。真是一个好词，听着看着，都有了深邃和高雅的感觉。交给“评议员”们去表决，一致通过。（邓琮琮、张建伟《中国院士诞生记》）

上面就是当时科学家们经历的几种选择过程。为什么科学家们选择了数个词语都觉得不合适呢？为什么最终选用了“院士”呢？不言而喻，主要是“会员”“学侣”“院侣”“院员”“院士”等词语的语体及风格差异造成的。中国的学会、协会、理事会太多，“会员”一词在日常生活中使用频率较高，所以作者说俗气。“学侣”“院侣”中，虽然语素“学”“院”比较典雅，但“院”“侣”相连，又会使人联想到“寺院”和“僧侣”，故作者说有宗教味。“院员”一词中，语素“员”多用于口语词中，如“成员”“店员”，以及后来的“管理员”“饲养员”“售货员”“理发员”等等，大众气息也比较浓。而“院士”中的“院”和“士”很少搭配，其语素义比较文雅，且“士”的历史语义就是指知识分子，中国古代就有

“士大夫”一说。此外，“烈士”“勇士”“壮士”中“士”的语素义也不俗。由此看来，当时科学家们选用“院士”，即使到了今天，也具有很强的修辞理据。

（二）词语的态度标示功能

汉语中很多词语具有标示说话者态度的附加功能。很多理性意义相同的词语在感情色彩上有褒义、贬义或中性的差别。对于同一事件，尤其是影响比较大的具有争议的国际政治事件，不同的媒体都会站在一定的立场上表达自己的观点和态度，很多观点和态度只是微妙的差异，并不是直接阐发议论，而是借助于词语的选用非常含蓄委婉隐蔽地表达观点。因此，在情报编写中要注意关键词语的态度标示功能，准确理解和把握信息源的立场和观点。

例如，在 1980 年的日本教科书审定中，日本政府要求执笔者在教科书中把日本对中国的“侵略”，改为对中国的“武力进入”。日本政府在审定历史教科书过程中表现出的错误立场受到了曾经遭受过日本侵略的亚洲各国的强烈批评。为什么日本政府要把“侵略”改为“武力进入”呢？为什么此举遭到亚洲各国的强烈批评呢？因为日本政府欲隐瞒历史事实。从词语的意义和功能看，“侵略”指“一个国家（或几个国家联合起来）侵犯别国领土、主权，掠夺并奴役别国的人民”。显然，“侵略”是非正义的，含贬义。而“进入”则是指“进到某个范围或某个时期里”，“武力进入”也只是通过“强暴的力量或军事力量”进入某一地区。它没有明显的正义和非正义之分。可见，把“侵略”改为“武力进入”，表面上能掩盖过去日本的侵华性质。

再如，2013 年 9 月和 10 月由习近平主席分别提出建设“新丝绸之路经济带”和“21 世纪海上丝绸之路”的战略构想，旨在借用古代丝绸之路的历史符号，高举和平发展的旗帜，积极发展与沿线国家的经济合作伙伴关系，共同打造政治互信、经济融合、文化包容的利益共同体、命运共同体和责任共同体，简称“一带一路”战略。由于“战略”是一个军事术语，指军事将领指挥军队作战的谋略，容易被境外媒体解读为中国有对外扩张、称霸全球的野心，有违于中国永不称霸永不扩张的和平外交政策。所以2016年7月修订的《新华社新闻信息报道中的禁用词和慎用词》中规定：不使用“一带一路”战略的提法，而使用“一带一路”倡议。很多媒体或官方发言人也使用“一带一路”建设。如：

一年来，中国积极落实习近平主席的倡议，反对各种保护主义，加强产权保护，促进公平竞争，放宽金融业市场准入，主动扩大进口，积极推进“一带一路”建设，用实际行动推动经济全球化进程。（刘鹤2018年冬季达沃斯论坛演讲）

（三）词语的形象标示功能

语言是连接人们心理与客观世界的纽带。当我们听到或说出某一词语时，就会在心理上产生与之对应的形象，特别是一些表示具体事物以及一些描写事物形状的词语，可以缩减语言的抽象性，使人们通过联想或想象，更接近现实或所期待的状态，这就是词语的形象标示功能。比如，电视台通常把新闻节目命名为“新闻”“新闻联播”“新闻30分”“晚间新闻”“午间新闻”等，而香港凤凰卫视台则把新闻节目分别叫作“凤凰早班车”“凤凰午间特快”“时事直通车”等等。两相比照，前者直白简洁，但缺乏生动形象性，不能给观众带来迅捷、快速的直观感受；后者把听新闻获取新闻信息比作乘坐列车，形象且有速度感。

情报编写虽然要求严谨规范，但特定的语境下也需要生动形象。毛泽东曾说："任何文章都需要'三性'，即准确性、严密性和生动性。"而文章的生动性可以借助于词语的形象标示功能来体现。比如，"美军第六艘航母——海上巨无霸'尼米兹'扑向海湾"，这是一则新闻标题。作者用了"扑向海湾"，而在文中作者却这样写道：美国海军"尼米兹"号航空母舰 3 月 3 日从西海岸圣迭戈海军基地出发前往海湾地区。用的是"前往"。与之相应的词语还有"驶往""开赴""开往"都没有"扑"传神，因为"扑"蕴涵了迅猛的速度和气势，更能体现作者对待整个事件的态度。

词语的形象标示功能可以在一定的语境下被临时赋予，这是语言创新使用的具体体现。如"'乘坐'阳光去太空"，具体含义是指人类以光子作为能源，通过太阳帆（太阳反射器）推动飞船进入太空。显然，此处的"乘坐"实际上是"凭借""利用""通过"的意思，作者把本适用于"飞船"的词语移用到"阳光"上，使人联想到"乘车""乘船"等具体动作，较之上述词语更形象生动。但"乘坐"的这种意义或功能是暂时的，并没有进入语言体系。我们不能说"乘坐大楼办公""乘坐皮包"。这种形象功能来自临时语境。语境的这种形象临时赋予功能，为我们提高修辞效果提供了充分空间。

（四）词语的时代标示功能

古代汉语是汉语书面语的源头，一些古词语及相关文言句式被现代汉语吸收，适当地使用古语词或文言句式可以使文章简洁凝练、庄重典雅。如标题"俄首富对抗普京身陷囹圄，其被捕将引发风暴"，古语词"囹圄"就比"监狱"文雅，更贴切人物的身份。再如：

每当我们民族处于危亡之秋，总会出现两类人。一类人有邦国而无自身，敬畏史笔，体恤民苦，壮怀激烈，视死如归；另一类人则重私利而轻大义，色厉内荏，寡廉鲜耻，戕害同胞，践踏故土，只求一时富贵权柄，置世世代代之唾骂于不顾。每念至此，感慨系之，不能自已……（白桦《梅香正浓》）

这段话中，作者使用了一些古语词以及相关的文言句式，比如“之秘”“至此”“自已”“置……之……于不顾”等等，显然比相应的现代词语简洁精练得多，话语的风格也趋于典雅。

但是也不可滥用文言词语和文言句式，如某篇上报的材料中这样表述就过犹不及：

反对报虚者得喜，报实者得忧，制止做表面文章，这话言之亦久矣。但在某些单位，说之者只管说，做之者只管做，彼此相安无事，何也？言而无法，缺乏具体措施、办法使其然也。

有些词语在不同的历史时期有不同的内涵，适用范围也不同。如1949年之前，“同志”的政治意义十分明显，“同志”的本意是“志同道合的人”，是中国革命党人之间亲切的称呼，表示为共同的事业奋斗，相互勉励。新中国成立以后，“同志”逐渐演化为一般的大众称呼。但改革开放后，由于“同志”一词的政治性较强，语用范围逐渐缩小，“同志”只用于中国共产党内部以及政府机关成员之间。国家领导人对外自称或称呼外国领导人或朋友时称“先生”“女士”。“同志”在港台表示“同性恋”，不能随意使用。

再如“祖国”和“新中国”：2009年是新中国建立60周年，在相关纪念活动和媒体报道中，“祖国60岁生日”频频出现，正确的说法应是“新中国60岁生日”。“新中国”特指中华人民共和国。“满清”：解放前通用，因带有民族歧视性，解放后国家已明令禁止使用，现已改为“清朝”“清代”“清季”或“清王朝”。“南巡讲话”：“巡”，巡幸也，在古代指帝王出巡，用来指邓小平去深圳视察不妥，现已改为“南方谈话”。“国营企业”:“国营”是计划经济时期的词语，经济体制改革以后，市场经济时期国营企业的国家经营模式，已变成国家所有、企业自主经营模式，“国营企业”这一名词也因此演变成了“国有企业”。

（五）词语的文化标示功能

有些词语有特定的文化含义，词语的文化功能就是词语标示一定文化背景信息的功能。

20 世纪 90 年代以来，中国许多国有企业效益不佳，有些工厂停产，工人失去了工作。新闻媒体用了一个词——下岗。为什么不用“失业”呢？一方面是因为中国是社会主义国家，过去从理论上讲，社会主义制度下不存在“失业”，只有资本主义社会才存在失业。如果用“失业”，理论上不好解释。另一方面，使人联想到某些书中所描述的“失去工作、生活困顿”的特定文化含义。“下岗”指在本单位没有工作岗位，与单位没有解除劳动关系，在社会上又没有其他收入来源，它源自 20 世纪 80 年代以来企业改革所施行的岗位责任制。“失业”与“下岗”的本质差别在于“失业”是社会人，“下岗”还是企业人。除与“失业”有具体内涵差异外，“下岗”之于“失业”委婉。中国媒体中用“下岗”而不用“失业”，与避免由此所引起的文化含义联想不无关系。事实上，为了解决职工的生活困难，中国政府在不断地创造再就业机会。因此，使用“下岗”“待岗”“上岗”以及“转岗”等词语来表达此类义项，比较确切。它从侧面反映了中国社会中政府与职工之间的密切关系。

再如，《现代汉语词典》（第 7 版）对“抗日战争”“七七事变”“九一八事变”等概念作出修订，“8 年抗战”改为“14 年抗战”。

【抗日战争】中国人民抗击日本帝国主义侵略的民族解放战争，从 1937 年 7 月 7 日日寇向我国北平（今北京）西南卢沟桥驻防的军队进

攻起，到1945年8月15日日本无条件投降止。（《现代汉语词典》第6版）

有专家指出，局部性抗战从1931年九一八事变后就开始了，整个抗战先后进行了14年，“8年抗战”，指的是全国性抗战。2014年出版的《习近平谈治国理政》一书第252页“抗日战争”的注解还是8年抗战：“指1937年7月至1945年9月，中国人民抗击日本侵略的民族解放战争，是世界反法西斯战争的重要组成部分。”2015年是抗日战争胜利70周年，我国举行了隆重的纪念活动，习近平总书记发表了重要讲话，为《现代汉语词典》的修订提供了权威依据。

在14年反抗日本军国主义侵略特别是8年全面抗战的艰苦岁月中，全体中华儿女万众一心、众志成城，凝聚起抵御外侮、救亡图存的共同意志，谱写了感天动地、气壮山河的壮丽史诗，涌现出一批抗日英烈和众多英雄群体。（2015年9月2日，习近平总书记在中国人民抗日战争胜利70周年纪念章颁发仪式上的讲话）

70年前的今天，中国人民经过长达14年艰苦卓绝的斗争，取得了中国人民抗日战争的伟大胜利，宣告了世界反法西斯战争的完全胜利，和平的阳光再次普照大地。（2015年9月3日，习近平总书记在纪念中国人民抗日战争暨世界反法西斯战争胜利70周年大会上的讲话）

从“8年抗战”改为“14年抗战”，提法改变的背后是史观的改变，而改变发生的进程是“民间倡议—官方回应”，习近平总书记的上述讲话说明14年抗战已得到国家层面的认可。

据此，2016年9月出版的《现代汉语词典》第7版修改为：

【抗日战争】中国人民抗击日本侵略的民族解放战争，是世界反法西斯战争的重要组成部分。1931年九一八事变后开始局部抗日战争，1937年七七事变后开始全面抗日战争，到1945年9月2日日本签署无条件投降书为止。在中国共产党倡导建立的抗日民族统一战线旗帜下，以中国共产党为中流砥柱，以国共合作为基础，中国人民经过艰苦卓绝的长期抗战，最终取得胜利。我国已将9月3日定为中国人民抗日战争胜利纪念日。

上述释义定性语采用了《习近平谈治国理政》注解，内容表述语区分了局部抗日战争和全面抗日战争两个时间节点，增加了中国共产党和中国人民在战争中所起作用的表述，并反映了设立中国人民抗日战争胜利纪念日的最新内容。

与抗日战争相关的“七七事变”“九一八事变”释义在第7版中也做了相应修订：

【七七事变】1937年7月7日，日本侵略军突然向我国北平（今北京）西南卢沟桥驻军进攻，当地驻军在全国人民抗日高潮的影响下，奋起抗击，中国共产党立即发表宣言，号召全民族抗战，全面抗日战争从此开始。这次事变叫作七七事变。也叫卢沟桥事变。

【九一八事变】1931年9月18日夜，日本帝国主义大规模武装侵略中国东北的事件，是日本帝国主义侵华战争的开始。19日日军侵占沈阳，同时在吉林、黑龙江等省区发动进攻。由于当时国民政府对日本侵略军采取不抵抗政策，致使四个多月内，东北全境沦陷。1945年日本投降，东北领土才全部收复。

六、情报编写中的禁用词和慎用词

2016年7月新华社发布《新华社新闻信息报道中的禁用词和慎用词》，该规定可以作为情报编写规范使用词语的参考依据。现摘录如下：

（一）时政及民族宗教类

（1）对各级领导同志的各种活动报道，慎用“亲自”等词。除了党中央国务院召开的重要会议外，一般性会议不用“隆重召开”字眼。

（2）不使用“践行‘八荣八耻’”的提法，应使用“践行社会主义荣辱观”。

（3）不要将“全国人大常委会副委员长”称作“全国人大副委员长”，也不要将“省人大常委会副主任”称作“省人大”副主任，各级人大常委会委员不要称作“人大常委”。

（4）国务院所属研究机构、直属机构和其他相关机构，称谓要写全，不得简称为“国务院”。

（5）国务院机构中审计署的正副行政首长称“审计长”“副审计长”，不要称作“署长”“副署长”。

（6）各级检察院的“检察长”不要写成“检察院院长”。

（7）不宜称“中共 ×× 省省委书记”“中共 ×× 市市委书记”，应该称“中共 ×× 省委书记”“中共 ×× 市委书记”。

（8）一般不再公开使用“非党人士”的提法。在特定场合，如需强调民主党派人士的身份，可使用“非中共人士”。“党外人士”主要强调中共党内与党外的区别，已经约定俗成，可继续使用。

（9）除对过去特定历史时期的表述外，不再继续使用“少数民族上层人士”的称谓。

（10）不得使用“某某党委决定给某政府干部行政上撤职、开除等处分”，可使用“某某党委建议给予某某撤职、开除等处分”。

（11）对各民族，不得使用旧社会流传的带有污辱性的称呼。不能使用“回回”“蛮子”等，而应使用“回族”等。不能随意简称，如“蒙古族”不能简称为“蒙族”，“维吾尔族”不能简称为“维族”，“朝鲜族”不能简称为“鲜族”等。

（12）少数民族支系、部落不能称为民族，只能称为“××人”，如“摩梭人”“撒尼人”“穿（川）青人”，不能称为“摩梭族”“撒尼族”“穿（川）青族”等。

（13）不要把古代民族名称与后世民族名称混淆，如不能将“高句丽”称为“高丽”，不能将“哈萨克族”“乌孜别克族”等泛称为“突厥族”或“突厥人”。

（14）“穆罕默德”通常是指伊斯兰教先知。有一些穆斯林的名字叫“穆罕默德”。为了区别和避免误解，对这些穆斯林应加上其姓，即使用两节姓名。

（15）“穆斯林”是伊斯兰教信徒的通称，不能把宗教和民族混为一谈。不能说“回族就是伊斯兰教”“伊斯兰教就是回族”。稿件中遇到“阿拉伯人”等提法，不要改称“穆斯林”。

（16）涉及信仰伊斯兰教的民族的报道，不得提及与猪相关内容。

（17）穆斯林宰牛羊及家禽，只说“宰”，不能写作“杀”。

（二）港澳台和领土、主权类

（1）香港、澳门是中国的特别行政区。在任何文字、地图、图表中都要避免让人误以为香港、澳门是“国家”。尤其是与其他国家名称连用时，应注意以“国家和地区”来限定。

（2）不得将香港、澳门与中国并列提及，如“中港”“中澳”等。不宜将内地与香港、澳门简称为“内港”“内澳”，可以使用“内地与香港（澳门）”，或者“京港（澳）”“沪港（澳）”等。

（3）“台湾”与“祖国大陆（或‘大陆’）”为对应概念，“香港、澳门”

与“内地”为对应概念，不得弄混。

（4）不得将港澳台居民来内地（大陆）称为来“中国”或“国内”。不得说“港澳台游客来华（国内）旅游”，应称为“港澳台游客来内地（大陆）旅游”。

（5）中央领导同志到访香港、澳门应称为“视察”，不得称为“出访”。中央有关部门负责同志到访香港、澳门应称为“考察”或“访问”。

（6）称呼包含香港、澳门的国际组织如世界贸易组织、世界气象组织成员时，应统称为“世界贸易组织成员”“世界气象组织成员”等，不得称为“成员国”。

（7）在国际奥林匹克委员会或其他体育事务中，原则上按相应章程的要求或约定称呼。如“中国奥林匹克委员会”可简称为“中国奥委会”，“中国香港奥林匹克委员会”可简称为“中国香港奥委会”，“中国国家队”可简称为“国家队”，“中国香港队”可简称为“香港队”。

（8）区分“香港（澳门）居民（市民）”和“香港（澳门）同胞”概念，前者指居住在港（澳）的全体人员，包括永久性居民和非永久性居民，也包括中国籍居民和外国籍居民，后者则指中华民族大家庭成员。

（9）区分国境与关境概念。国境是指一个国家行使主权的领土范围，从国境的角度讲，港澳属“境内”；关境是指适用同一海关法或实行同一关税制度的区域，从关境的角度讲，港澳属单独关税区，相对于内地属于“境外”。内地人员赴港澳不属出国但属出境，故内地人员赴港澳纳入出国（境）管理。

（10）将港澳台业务单列为国内业务的特殊类别加以规范管理，将往来内地及港澳台之间的交通线路称为“港澳台航线”或“国际/港澳台航线”；将手机“港澳台漫游”业务单独表示，或称为“国际/港澳台漫游”，也可称为“跨境漫游”或“区域漫游”。

（11）不得将港资、澳资企业划入外国企业，在表述时少用“视同外资”，多用“参照外资”。

（12）内地与港澳在交流合作中签订的协议文本等不得称为“条约”，可称为“安排”“协议”等；不得将适用于国家与国家之间的专属名词用于内地与港澳。

（13）涉及内地与港澳在司法联系与司法协助方面，不得套用国际法上的术语，如内地依照涉外民事诉讼、刑事诉讼等程序与港澳开展司法协助，不得使用“中外司法协助”“国际司法协助”“中港（澳）司法协助”等提法，应表述为“区际司法协助”或“内地与香港（澳门）司法协助”等；对两地管辖权或法律规范冲突，应使用“管辖权冲突”“法律冲突”等规范提法，不得使用“侵犯司法主权”等不规范提法；不得使用“引渡犯罪嫌疑人或罪犯”的表述，应称为“移交或遣返犯罪嫌疑人或罪犯”。

（14）不得将香港、澳门回归祖国称为“主权移交”“收回主权”，应表述为中国政府对香港、澳门“恢复行使主权”“政权交接”。不得将回归前的香港、澳门称为“殖民地”，可说“受殖民统治”。不得将香港、澳门视为或称为“次主权”地区。

（15）不得使用内地与港澳“融合”“一体化”或深港、珠澳“同城化”等词语，避免被解读为模糊“两制”界限、不符合“一国两制”方针政策。

（16）香港、澳门特别行政区的官方机构和制度安排，应按照基本法表述。如“香港特别行政区行政长官”不得说成“香港特别行政区政府行政长官”，“澳门特别行政区立法会”不得说成“澳门特别行政区政府立法会”；香港、澳门实行行政主导的政治体制，不得说成“三权分立”。

（17）对港澳反对派自我褒扬的用语和提法要谨慎引用。如不使用

“雨伞运动”的说法，应称为“非法‘占中’”或“违法‘占中’”；不称“占中三子”，应称为“非法‘占中’发起人”，开展舆论斗争时可视情称为“占中三丑”；不称天主教香港教区退休主教陈日君等为“荣休主教”，应称为“前主教”。

（18）对1949年10月1日之后的台湾地区政权，应称之为“台湾当局”或“台湾方面”，不使用“中华民国”，也一律不使用“中华民国”纪年及旗、徽、歌。严禁用“中华民国总统（副总统）”称呼台湾地区正（副）领导人，可称为“台湾当局领导人（副领导人）”“台湾地区领导人（副领导人）”。对台湾“总统选举”，可称为“台湾地区领导人选举”，简称为“台湾大选”。

（19）不使用“台湾政府”一词。不直接使用台湾当局以所谓“国家”“中央”“全国”名义设立的官方机构名称，对台湾方面“一府”（“总统府”）、“五院”（“行政院”“立法院”“司法院”“考试院”“监察院”）及其下属机构，如“内政部”“文化部”等，可变通处理。如对“总统府”，可称其为“台湾当局领导人幕僚机构”“台湾当局领导人办公室”；对“立法院”可称其为“台湾地区立法机构”；对“行政院”可称其为“台湾地区行政管理机构”；对“台湾当局行政院各部会”可称其为“台湾某某事务主管部门”“台湾某某事务主管机关”，如“文化部”可称其为“台湾文化事务主管部门”，“中央银行”可称其为“台湾地区货币政策主管机关”，“金管会”可称其为“台湾地区金融监管机构”，特殊情况下不得不直接称呼上述机构时，必须加引号，我广播电视媒体口播时则需加“所谓”一词。陆委会现可以直接使用，一般称其为“台湾方面陆委会”或“台湾陆委会”。

（20）不直接使用台湾当局以所谓“国家”“中央”“全国”名义设立的官方机构中官员的职务名称，可称其为“台湾知名人士”“台湾政界人士”或“××先生（女士）”。对“总统府秘书长”，可称其为“台湾当局领导人幕僚长”“台湾当局领导人办公室负责人”；对“行政院长”，可称其为“台湾地区行政管理机构负责人”；对“台湾各部会首长”，可称其为“台湾当局某某事务主管部门负责人”；对“立法委员”，可称其为“台湾地区民意代表”。台湾省、市级及以下（包括台北市、高雄市等“行政院直辖市”）的政府机构名称及官员职务，如省长、市长、县长、议长、议员、乡镇长、局长、处长等，可以直接称呼。

（21）“总统府”“行政院”“国父纪念馆”等作为地名，在行文中使用时，可变通处理，可改为“台湾当局领导人办公场所”“台湾地区行政管理机构办公场所”“台北中山纪念馆”等。

（22）“政府”一词可使用于省、市、县以下行政机构，如“台湾省政府”“台北市政府”，不用加引号，但台湾当局所设“福建省”“连江县”除外。对台湾地区省、市、县行政、立法等机构，应避免使用“地方政府”“地方议会”的提法。

（23）涉及“台独”政党“台湾团结联盟”时，不得简称为“台联”，可简称“台联党”。“时代力量”因主张“台独”，需加引号处理。“福摩萨”“福尔摩莎”因具有殖民色彩，不得使用，如确需使用时，须加引号。

（24）对国民党、民进党、亲民党等党派机构和人员的职务，一般不加引号。中国国民党与中国共产党并列时可简称“国共两党”。对于国共两党交流，不使用“国共合作”“第三次国共合作”等说法。对亲民党、新党不冠以“台湾”字眼。

（25）对台湾民间团体，一般不加引号，但对以民间名义出现而实有官方背景的团体，如台湾当局境外设置的所谓“经济文化代表处（办事处）”等应加引号；对具有反共性质的机构、组织（如“反共爱国同盟”“三民主义统一中国大同盟”）以及冠有“中华民国”字样的名称须回避，或采取变通的方式处理。

（26）对岛内带有“中国”“中华”字眼的民间团体及企事业单位，如台湾“中华航空”“中华电信”“中国美术学会”“中华道教文化团体联合会”“中华两岸婚姻协调促进会”等，可以在前面冠以“台湾”直接称呼，不用加引号。

（27）对以民间身份来访的台湾官方人士，一律称其民间身份。因执行某项两岸协议而来访的台湾官方人士，可称其为“两岸 ×× 协议台湾方面召集人”“台湾 ×× 事务主管部门负责人”。

（28）对台湾与我名称相同的大学和文化事业机构，如“清华大学”“故宫博物院”等，应在前面加上台湾、台北或所在地域，如“台湾清华大学”“台湾交通大学”“台北故宫博物院”，一般不使用“台北故宫”的说法。

（29）对台湾冠有“国立”字样的学校和机构，使用时均须去掉“国立”二字。如“国立台湾大学”，应称“台湾大学”；“×× 国小”“×× 国中”，应称“×× 小学”“×× 初中”。

（30）金门、马祖行政区划隶属福建省管理，因此不得称为台湾金门县、台湾连江县（马祖地区），可直接称金门、马祖。从地理上讲，金门、马祖属于福建离岛，不得称为“台湾离岛”，可使用“外岛”的说法。

（31）对台湾当局及其所属机构的法规性文件与各式官方文书等，应加引号或变通处理。对台湾当局或其所属机构的“白皮书”，可用“小册子”“文件”一类的用语称之。

（32）不得将中华人民共和国法律自称为“大陆法律”。对台湾所谓“宪法”，应改为“台湾地区宪制性规定”，“修宪”“宪改”“新宪”等一律加引号。对台湾地区施行的“法律”改称为“台湾地区有关规定”。如果必须引用台湾当局颁布的“法律”时，应加引号并冠之“所谓”两字。不得使用“两岸法律”等具有对等含义的词语，可就涉及的有关内容和问题进行具体表述，如“海峡两岸律师事务”“两岸婚姻、继承问题”“两岸投资保护问题”等。

（33）两岸关系事务是中国内部事务，在处理涉台法律事务及有关报道中，一律不使用国际法上专门用语。如“护照”“文书认证、验证”“司法协助”“引渡”“偷渡”等，可采用“旅行证件”“两岸公证书使用”“文书查证”“司法合作”“司法互助”“遣返”“私渡”等用语。涉及台湾海峡海域时不得使用“海峡中线”一词，确需引用时应加引号。

（34）国际场合涉及我国时应称中国或中华人民共和国，不能自称“大陆”；涉及台湾时应称“中国台湾”，且不能把台湾和其他国家并列，确需并列时应标注“国家和地区”。

（35）对不属于只有主权国家才能参加的国际组织和民间性的国际经贸、文化、体育组织中的台湾团组机构，不能以“台湾”或“台北”称之，而应称其为“中国台北”“中国台湾”。若特殊情况下使用“中华台北”，需事先请示外交部和国台办。

（36）台湾地区在 WTO 中的名称为“台湾、澎湖、金门、马祖单独关税区”（简称“中国台北单独关税区”）。2008 年以来经我安排允许台湾参与的国际组织，如世界卫生大会、国际民航组织公约大会，可根据双方约定称台湾代表团为“中华台北”。

（37）海峡两岸交流活动应称“海峡两岸 ×× 活动”。台湾与港澳并列时应称“港澳台地区”或“台港澳地区”。对海峡两岸和港澳共同举办的交流活动，不得出现“中、港、台”“中、澳、台”“中、港、澳、台”之类的表述，应称为“海峡两岸暨香港”“海峡两岸暨澳门”“海峡两岸暨香港、澳门”。不使用“两岸三（四）地”的提法。

（38）台商在祖国大陆投资，不得称“中外合资”“中台合资”，可称“沪台合资”“桂台合资”等。对来投资的台商可称“台方”，不能称“外方”；与此相对应，我有关省、区、市，不能称“中方”，可称“闽方”“沪方”等。

（39）台湾是中国的一个省，但考虑到台湾同胞的心理感受，现在一般不称“台湾省”，多用“台湾地区”或“台湾”。

（40）具有“台独”性质的政治术语应加引号，如“台独”“台湾独立”“台湾地位未定”“台湾住民自决”“台湾主权独立”“去中国化”“法理台独”“太阳花学运”等。

（41）对台湾教育文化领域“去中国化”的政治术语，应结合上下文意思及语境区别处理。如“本土”“主体意识”等，如语意上指与祖国分离、对立的含义应加引号。

（42）荷兰、日本对台湾的侵占和殖民统治不得简称为“荷治”“日治”。不得将我中央历代政府对台湾的治理与荷兰、日本对台湾的侵占和殖民统治等同。

（43）涉及到台湾同胞不能称“全民”“公民”，可称“台湾民众”“台湾人民”“台湾同胞”。

（44）不涉及台湾时我不得自称中国为“大陆”，也不使用“中国大陆”的提法，只有相对于台湾方面时方可使用。如不得使用“大陆改革开放”“大陆流行歌曲排行榜”之类的提法，而应使用“我国（或中国）改革开放”“我国（或中国）流行歌曲排行榜”等提法。

（45）不得自称中华人民共和国政府为“大陆政府”，也不得在中央政府所属机构前冠以“大陆”，如“大陆国家文物局”，不要把全国统计数字称为“大陆统计数字”。涉及全国重要统计数字时，如未包括台湾统计数字，应在全国统计数字之后加括号注明“未包括台湾省”。

（46）一般不用“解放前（后）”或“新中国成立前（后）”提法，可以用“中华人民共和国成立前（后）”或“一九四九年前（后）”提法。

（47）中央领导同志涉台活动，要根据场合使用不同的称谓，如在政党交流中，多只使用党职。

（48）中台办的全称为“中共中央台湾工作办公室”，国台办的全称为“国务院台湾事务办公室”，可简称“中央台办（中台办）”“国务院台办（国台办）”，要注意其在不同场合的不同称谓和使用，如在两岸政党交流中，多用“中央台办（中台办）”。

（49）“海峡两岸关系协会”简称为“海协会”，不加“大陆”；“台湾海峡交流基金会”可简称为“海基会”或“台湾海基会”。海协会领导人称“会长”，海基会领导人称“董事长”。两个机构可合并简称为“两会”或“两岸两会”。不称两会为“白手套”。

（50）国台办与台湾陆委会联系沟通机制，是双方两岸事务主管部门的对话平台，不得称为“官方接触”。这一机制，也不扩及两岸其他业务主管部门。

（51）对“九二共识”，不使用台湾方面“九二共识、一中各表”的说法。一个中国原则、一个中国政策、一个中国框架不加引号，“一国两制”加引号。

（52）台胞经日本、美国等国家往返大陆和台湾，不能称“经第三国回大陆”或“经第三国回台湾”，应称“经其他国家”或“经××国家回大陆（或台湾）”。

（53）不得将台湾民众日常使用的汉语方言闽南话称为“台语”，各类出版物、各类场所不得使用或出现“台语”字样，如对台湾歌星不能简单称为“台语”歌星，可称为“台湾闽南语”歌星，确实无法回避时应加引号。涉及台湾所谓“国语”无法回避时应加引号，涉及两岸语言交流时应使用“两岸汉语”，不称“两岸华语”。

（54）对台湾少数民族不称“原住民”，可统称为台湾少数民族或称具体的名称，如“阿美人”“泰雅人”。在国家正式文件中仍称高山族。

（55）对台湾方面所谓“小三通”一词，使用时须加引号，或称“福建沿海与金门、马祖地区直接往来”。

（56）对南沙群岛不得称为“斯普拉特利群岛”。

（57）钓鱼岛不得称为“尖阁群岛”。

（58）严禁将新疆称为“东突厥斯坦”，在涉及新疆分裂势力时，不使用“疆独”“维独”。

（三）国际关系类

（1）有的国际组织的成员中，既包括一些国家也包括一些地区。在涉及此类国际组织时，不得使用“成员国”，而应使用“成员”或“成员方”，如不能使用“世界贸易组织成员国”“亚太经合组织成员国”，而应使用“世界贸易组织成员”“世界贸易组织成员方”“亚太经合组织成员（members）”“亚太经合组织成员经济体（member economies）”。应使用“亚太经合组织领导人非正式会议”，不应使用“亚太经合组织峰会”。台方在亚太经合组织中的英文称谓为 Chinese Taipei，中文译法要慎用，我称“中国台北”，台方称“中华台北”，不得称“中国台湾”或“台湾”。

（2）不得使用“北朝鲜（英文 North Korea）”来称呼“朝鲜民主主义人民共和国”，可直接使用简称“朝鲜”。英文应使用“the Democratic People’s Republic of Korea”或使用缩写“DPRK”。

（3）不使用“穆斯林国家”或“穆斯林世界”，可用“伊斯兰国家”

或“伊斯兰世界”。但充分尊重有关国家自己的界定，如印尼不将自己称为“伊斯兰国家”。

（4）在苏丹达尔富尔报道中不使用“阿拉伯民兵”，而应使用“民兵武装”或“部族武装”。

（5）在涉及社会犯罪和武装冲突时，一般不要刻意突出犯罪嫌疑人和冲突参与者的肤色、种族和性别特征。比如，应回避“黑人歹徒”的提法，可直接使用“歹徒”。

（6）不要将撒哈拉沙漠以南的地区称为“黑非洲”，而应称为“撒哈拉沙漠以南非洲”。

（7）不要使用“伊斯兰原教旨主义”“伊斯兰原教旨主义者”等说法，可用“宗教激进主义（激进派、激进组织）”替代。如回避不了而必须使用时，可使用“伊斯兰激进组织（成员）”，但不要用“激进伊斯兰组织（成员）”。

（8）在涉及阿拉伯和西亚（中东）等的问题时，不要使用“十字军（东征）”等说法。

（9）对国际战争中双方战斗人员死亡的表述，不使用“击毙”“被击毙”等词汇，也不使用“牺牲”等词汇，可使用“打死”等词汇。

（10）不要将哈马斯（巴勒斯坦伊斯兰抵抗运动组织）称为恐怖组织或极端组织。

（11）一般情况下不使用“前苏联”，而使用“苏联”。

（12）应使用“乌克兰东部民间武装”，不使用“乌克兰亲俄武装”“乌克兰民兵武装”“乌克兰分裂分子”等。

（13）不使用“一带一路”战略的提法，而使用“一带一路”倡议。

七、情报编写中缩略语的运用

用缩略方式构成的语言单位叫缩略语，又叫缩略形式。情报编写中涉及的缩略语有两种情况：一种情况是很多军事术语和国际与区域组织的名称都有缩写形式，在编译过程中需要准确识别，并规范使用；另一种情况是情报编写中涉及党和国家政策的内容常常需要运用标数概括式缩略语来表述，使文稿简洁凝练。此外，很多情报整编上报的材料也类似于公文，可以借鉴公文的写作手法，将材料中的主要内容运用标数概括式缩略语概括出来，纲举目张，思路清晰，逻辑性强。

（一）标数概括式缩略语在情报编写中的运用

国家行政机关公文常使用标数概括式缩略语来表述党和国家机关在一定时期内持续推行的总体战略目标、方针政策、规章制度、重大活动、重大理论等，也可从微观的层面归纳总结工作中存在的问题，提出解决问题的具体办法、措施，阐明某项公务活动的重大意义等。由于标数概括式缩略语具有高度的概括性和简约性，用语凝练，言简意丰，易于宣传记忆，又可在不同场合重复使用，因而在国家机关行政公文中使用频率非常高。如下列语段：

全会充分肯定党的十八届五中全会以来中央政治局的工作。一致认为，面对复杂的国际国内形势，中央政治局高举中国特色社会主义伟大旗帜，坚持以马克思列宁主义、毛泽东思想、邓小平理论、“三个代表”重要思想、科学发展观为指导，全面贯彻党的十八大和十八届三中、四中、五中全会精神，深入贯彻习近平总书记系列重要讲话精神和治国理政新理念新思想新战略，把握时代大势，回应实践要求，团结带领全党全国各族人民同心协力、苦干实干，统筹推进“五位一体”总体布局和协调推进“四个全面”战略布局，开展“两学一做”学习教育，推动全面深化改革、供给侧结构性改革、国防和军队改革迈出重大步伐，党和国家各项工作取得新的重大进展。

情报编写涉及国家重大理论、方针、政策及法规等内容时也常运用标数概括式缩略语，如：

例文：

日本通过防卫“装备转移三原则”草案

综合互联网消息，据美国、日本媒体反映，日本政府于当地时间 3 月 11 日举行由首相、官房长官、外相、防卫相等相关阁僚参加的国家安全保障会议，审议通过了“防卫装备转移三原则”草案，以取代“武器出口三原则”。

新的“三原则”规定：日本不向明显妨碍维护国际和平与安全的场合出口防卫装备；对允许出口的情况进行限定和严格审查；出口对象将防卫装备用于目的之外或向第三国转移时，需获日方事先同意并置于适当管理之下。根据“防卫装备转移三原则”，日本政府将基于国家安全保障、国际合作需要等判断是否许可防卫装备出口。新的“三原则”将大幅放宽日本对外输出武器和军事技术。

（二）情报编写中军事术语及国际与区域组织名称缩略语的规范使用

情报编写中会经常遇到军事术语及国际与区域组织名称的缩略形式，首先要做到准确识别，然后要规范使用。对于比较常见的军事术语或国际与区域组织名称缩略语可以直接使用，以提高语言表述的简洁性。如下面这篇稿件中，因为亚太经合组织（Asia-Pacific Economic Cooperation）的缩写形式 APEC 很常见，所以就直接使用，没有加以注释，不妨碍文本的解读。

例文：

文在寅总统参加 APEC 会议和东盟首脑会议

文在寅总统结束了为期八天七夜的对印度尼西亚、越南和菲律宾的国事访问，并出席 APEC 亚洲首脑会议和东盟国家首脑会议，于 15 日返回首尔机场。

文在寅总统计划在 16 日休息后讨论访问结果的后续措施，并检查清点访问期间的国情状况。

作为就任后第五次海外国事访问，本次巡防第一次将韩半岛周围，以四强为中心的先进国一边倒的外交政策转向针对亚洲多边化的新南方政策，以此获得了好评。

继七月德国 G20 峰会首脑会议后，文在寅总统在亚洲多边外交舞台 APEC 亚洲首脑会议和东盟首脑会议上强化了国际社会对朝鲜核问题这一半岛最大问题的共识，这也是有意义的成果。

文在寅总统在 8 日下午到达访问首站印度尼西亚雅加达，开启了为期三天的国事访问。

9 日，文在寅总统在两国经济主要相关人士参加的韩印商业讨论会中对外阐明了新南方政策的构想，随后，通过和印方总统佐科·维多多的首脑会议，将韩印两国关系升级为特别战略伙伴关系，构建了为实现韩国东盟共同繁荣的和平蓝图，并发表声明。

对于不常见的国际与区域组织名称的缩略形式，首次使用时要加以注释说明。如下面这篇稿件中，ICAN（国际废除核武器运动）这一非政府组织，很多人并不熟悉，所以在文本的第一段用括号注释说明，后面的语段中直接使用，既使语言表述准确明晰，又兼顾了语言表述简洁性和经济性原则。

例文：

诺贝尔和平奖颁奖仪式在挪威首都奥斯陆召开

10号，诺贝尔和平奖颁奖仪式在挪威首都奥斯陆召开。今年的诺贝尔和平奖颁发给了一直致力于消除核武器的ICAN（国际废除核武器运动）这一非政府组织。

颁奖典礼上，ICAN的负责人贝亚特丽斯·费恩和一直与ICAN并肩战斗的瑟罗·节子，代表ICAN领取了诺奖。瑟罗·节子在13岁的时候曾经历过广岛核爆，现已85岁高龄，居住在加拿大。领奖完毕后，他就广岛核爆后的惨象做了专题发言。当他回忆起那天的场景时，他说："当我被压在废墟下难以移动时，我听到有人对我说'别放弃啊！继续爬，朝有光的地方爬！'"除此之外，他还号召人们要为彻底消除核武不懈奋斗。

据悉，经ICAN的不懈努力，有关禁造禁用核武的条约草案已在2017年7月的联合国大会上获得通过。但是，大量拥有核武的美俄等国因反对此条约，并未派代表出席本次颁奖仪式。

情报编写中常见的军事术语和国际与区域组织名称缩略形式见附录。

第二节　培养正确组织语句的能力

情报语言属于特殊用途的实用书面语，它的要求与一般实用语的要求是一致的，都要符合一定的语法规范。由于情报对国防建设和国家安全的重大意义，情报编写人员应该更好地掌握语法、语义和语用的规律，用准确的语句表达所指事件的内涵及状况。但是在实际工作中，很多情报文本中的句子或者语法含混不清，或者语序杂乱无章，或者语义重复啰嗦，严重地影响了情报的使用效率。因此我们有必要就情报语言中经常出现的句法错误以及病句修改方法进行深入分析和研究。

一、什么是病句

所谓病句，就是指不合规范的句子。所谓规范，一是要符合语法组合规则，二是要符合语义的搭配要求，三是要符合语用的表达习惯。产生病句的原因，可能涉及语法、语义和语用多个层面。

确定一个句子是不是病句，要注意以下几点：

（一）语言是复杂的。语言规则是多方面的，千万不要用某种现成的但却是片面的教条来作为衡量句子是否合乎规范的标准。

当年有人认为“恢复疲劳、打扫卫生、养病、救火”等是病句，这是因为他们认定动词与宾语的关系只能是动作与受事的关系，而忽视了实际上还存在着许多其他的语义关系，如动作与原因、动作与结果、动作与目的的关系等。

（二）语言是发展的。以前认为是不规范的句子，由于群众的广泛使用，这种句子的用法已经逐渐被接受，因此我们必须用发展的眼光看待。20 世纪 30 年代，书面语中表示定中关系的结构助词写作“底”，因此，“我底女儿”是规范用法，但现在这样写就不规范了。改革开放前，动宾再带上宾语的用法很少见，现在却流行起来了，“挑战美国队”“登陆新加坡”“讲学中南海”，对这类语言现象，不要忙于下结论。

（三）语言常常是超越逻辑的。任何一个合法的句子当然应该符合逻辑，符合常理。但是，语言，特别是语法，并不等于就是逻辑。修辞上故意违背逻辑常理以达到某种修辞效果的做法就更多了。

二、修改病句的原则

（一）忠于原意的原则

所谓忠于原意，就是修改后的病句应该尽量保持句子原来的意义。

（二）从简不从繁的原则

所谓从简不从繁，就是指在修改病句时，以改动最少为准则，凡是只需要调动语序的就不随意加减词语，凡是只需要加减一个词语的，就不加减两个词语。

（三）尽量维持原句结构的原则

所谓尽量维持原句结构，是指在修改病句中，不调整原句语法结构（特别是一些特定句型、句式或格式）可以把句子改通顺时，就不要轻易变动原句的结构。因为汉语的语法结构是形式和意义的有机结合，在许多情况下，结构变化，也会引起意义的某种变化。

（四）修改跟造成病句的原因保持一致的原则

病句错误的原因，有时候可以从几种不同的角度来分析。修改病句的四原则，是以“忠于原意”的原则为根本的一个有机整体，只要违背其中一个原则，往往也就违背其他三个原则。在修改病句中，应该努力贯彻这四个原则，才能把学到的语言知识运用到具体的语言实践中去。

三、修改病句的方法

修改病句有两种常用的方法。

（一）紧缩法

紧缩法是先检查句子“主干”，再检查句子“枝叶”的一种方法。其步骤是：先检查主语（中心）、谓语（中心）、宾语（中心）之间能否搭配、有无残缺或多余等；如果句子的主干没有毛病，则进一步检查定语、状语或补语与其中心语等能否搭配、有无残缺或多余等。

（二）模拟法

模拟法是造出一些相类似的句式来同原句比较，以判断原句正误的一种方法。对于一些正误不易分辨的句子，可以采用这种方法。

四、语法病句类型

（一）词性不对

词性不对是指在某个句法位置上应该出现这类词，却用了另外一类词。例如：

（1）在安全战略上，安倍政府于提出“积极和平主义”国家安全保障战略，更加积极主动地参与地区和国际秩序的构建。

“于”是介词，改为连接词“于是”。

（2）1962 年 10 月，因苏联在古巴部署导弹，引发美国强烈反弹。

“反弹”动词，改为名词“反应”。

（二）虚词不妥

汉语的虚词极为丰富，不仅用法复杂，而且语义微妙，稍不注意就会用错。

例如：冷战结束后，来自苏联的威胁消失，日本面临的安全威胁转为“新型威胁和多种事态”。日本开始推进自卫队改革，调整陆上自卫队编制体制，目标是构建一支“多能、灵活、有效”的防卫力量。对陆上自卫队的“瘦身”首当其冲，重点是压缩部队规模，减少重型装备，使部队由传统的重装型向灵活机动型转变。

介词“对”错用，应该去掉“对”。“首当其冲”是指最先受到攻击或遭遇灾难。

（三）成分残缺

句法成分残缺是指不符合隐含、省略的条件而缺少应有的句法成分。一般情况下，出现一个成分，与它搭配的另一个成分就必须出现；否则就会造成句法结构不完整，表达的句义不准确。

第一，主语残缺。

一般的句子以主谓词组为材料，包含主语和谓语两个部分。主语是陈述的对象，谓语则对主语加以陈述。没有主语，要说的是什么不清楚；没有谓语，话等于没说。在一定条件下，主语或谓语可以省略。条件有二：第一，对话；第二，上文已经出现，或下文即将出现。不符合这两个条件，就不能乱省。运用主谓句，如果不具备上述两个省略的条件，无主语或缺谓语都是句子不完整的表现。主语残缺主要有以下几种情形：

滥用介词结构而缺主语，这是极为常见的毛病。

例如：在此次进攻行动中，是规模最大的一次收复行动，并派遣空中力量支援，库尔德军队作为先遣部队。

介词“在”经常同“上、下、方面、时候、里、中、内”等组成介词结构，用作状语，限定时间、处所、范围，但是不能用作主语。应让“此次进攻行动”作主语，删除“在……中”。

误把分句当作主语，也是极为常见的毛病。

例如：郑成功率领的部队所到之处，受到台湾人民的热烈欢迎和支持。

“受到……热烈欢迎和支持”的本应是“郑成功率领的部队”，“部队”在意念上是受事主语。但在后头加上“所到之处”（即“所到的地方”），“受到……热烈欢迎和支持”的对象变为“处”（地方），这在逻辑上是说不通的。应把“部队所到之处”这个偏正词组变为一个分句，恢复“部队”作为全句主语的地位，即：“郑成功率领的部队每到一处”，或“郑成功率领的部队到达每一个地方”。

有时主语有较长的定语，写了前面忘了后面，把真正的主语（中心语）给丢了。

例如：据英、美媒体报道，16 日澳大利亚关闭了在阿富汗乌鲁兹甘省的塔宁科瓦军事基地，撤离了最后的作战部队，只留下部分军方人员指导训练阿富汗安全部队。澳大利亚总理托尼·阿伯特说："相较于 10 年前，现在的乌鲁兹甘是一个相当程度上不同且更好的地方。"根据澳大利亚政府的安排，大约有 400 名将在明年留在阿富汗，用于训练首都喀布尔和南部城市坎大哈的阿富汗军队，以保证当地安全。

"大约有 400 名"后头缺少名词性中心语同它搭配，应加上"军方人员"。

第二，谓语残缺。

相对于主语来说，谓语是更为重要的。没有谓语，说了主语等于没说。整个谓语部分全缺的情况极少见到，通常见到的谓语残缺是其中主要组成部分残缺。

例如：俄罗斯洲际航空委员会首脑维克多·索罗申科告诉记者，现在还不能对事故起因作出解释，不能确定死亡人数，失事飞机在半空中就已经解体。

由于第一、二分句都用能愿动词修饰谓语中心，最后一个分句不用，意思跟前面配不来，可能让人理解为承前一分句省略能愿动词"(不)能"，与作者的本意不符，应该改为"可以确定失事飞机在半空中就已经解体"或"不能确定失事飞机在半空中是否已经解体"。

第三，宾语残缺。

宾语一般是动作、行为的对象、结果或主动者等等。由"主—动—宾"这种结构组成的句子，宾语是相当重要的成分，缺少了它，句子便不完整。宾语全部残缺的情况不多见，除非是非常粗心大意，才会把简单的宾语丢失。造成宾语残缺，更多的是动语和宾语搭配不当。例如：

（1）演习分两个阶段：第一阶段在18号举行，旨在训练“检查可疑船只”；第二阶段最初计划在20日举行，后由于恶劣天气改为21号，主要针对“搜救、联络和相互配合”。

动词“针对”的结果应该是“演习或演练”，所以应改为“主要针对‘搜救、联络和相互配合’进行演练”。

（2）路透社认为，“此举是为呼应12月17日通过的《防卫计划大纲》及《中期防卫力整备计划》，以及应对当前日本与中韩两国的岛屿争端。”

“岛屿争端”后面应该加“问题”作宾语。应该改为“以及应对当前日本与中韩两国的岛屿争端问题”。

（3）斯诺登一直处于被美国通缉的状态。如果英国有证据证明中俄双方已经破解了斯诺登的加密文件，英国必然会将此告知美国，而美国势必会公之于众。那么这必将引发大规模的商讨。

“商讨”后面应加宾语，改为“商讨会议”或“商讨活动”。

第四，定语、状语缺少或者不完整。例如：

（1）综合互联网消息，据英、美媒体报道，16日澳大利亚关闭了在阿富汗乌鲁兹甘省的塔宁科瓦军事基地，撤离了最后的作战部队，只留下部分军方人员指导训练阿富汗安全部队。澳大利亚总理托尼·阿伯特说：“相较于10年前，现在的乌鲁兹甘是一个相当程度上不同且更好的地方。”

“程度上不同”语义模糊，应在“不同”后加“以往”，应改为“现在的乌鲁兹甘是一个相当程度上不同以往且更好的地方。”

（2）日本若部署了“萨德”系统，便将美国的反导体系大幅推进，推到了中国周边，这不仅加大了中国的安全防御成本，也使中国的进攻能力打折扣，起到一定遏制中国“走出去”的作用。

应当在“进攻能力”后加“大”之类的表程度的状语，与前面“这不仅加大了中国的安全防御成本”相对应，所以，应改为“也使中国的进攻能力大打折扣”。

（四）结构杂糅

所谓的句法结构杂糅，是指把两种不同的说法硬凑在一起，把两种不同的结构套迭在一起，造成结构不合法则，语义混乱费解。例如：

（1）这是时隔 88 年，美国总统对古巴的首次访问。上次美国总统访问古巴，还是在 1928 年，时任美国总统柯立芝来到哈瓦那出席第六届泛美会议。

“这是时隔 88 年，美国总统对古巴的首次访问。”应该改为“这是 88 年以来，美国总统对古巴的首次访问”或“这是时隔 88 年，美国总统对古巴的再次访问”。

（2）在河内与越南外交部长范平明会见时，克里说，越南需要在人权和自由领域被持续取得进展。

“持续取得进展”不需要使用“被”字句。另外,“持续”应修饰“进展”。应该改为“越南需要在人权和自由领域取得持续进展”。

造成这种成分上的残缺与多余或句式上的杂糅与纠缠的原因，主要是对汉语各种句式的结构特点还没有掌握。

五、语义病句类型

（一）主谓搭配不当

语法结构上符合规则的句子并不一定就是正确的句子，我们还要注意语义上的搭配关系。主语与谓语，述语与宾语，述语和补语，修饰语

（定语、状语）与中心语，都是一对对相互搭配的成分。所谓搭配不当，通常情况下，是指这些相互搭配的成分在语义上不能贯通。

例如：当地时间 3 月 22 日，美国政府发表声明，谎称“新疆的维吾尔族穆斯林和其他少数民族的人权受到破坏”，将配合欧盟对中国采取制裁措施。

“人权受到破坏”，主谓塔配不当，应改为谎称“新疆的维吾尔族穆斯林和其他少数民族的人权受到侵犯”。

（二）述宾搭配不当

述语同宾语的组合，用途广，式样多，容易出错。例如：

（1）巨浪 -2 型导弹的研制成功，大大提升了我国水下核威慑力量的打击范围和响应速度。

可以“提升了速度”，但不能“提升打击范围”，因此造成述宾搭配不当，应改为“大大扩大了我国水下核威慑力量的打击范围和提高了响应速度”。

（2）美国总统表示，华盛顿解除武器禁运令将会保证河内可以购买必需武器用以自卫。这一决定体现美国旨在与越南关系完全正常化的承诺，其中，这包括了两国在这块地区长久未来的强大国防关系完全正常化的承诺。

检查句法失误，经常用拨开枝叶先看主干的压缩法。“承诺”应该是“实现”或“兑现”，而不是“体现”，述宾搭配不当。应该改为“这一决定实现了美国旨在与越南关系完全正常化的承诺”。

（3）学员们都带着敬佩的目光注视着和倾听着这位老红军的英勇事迹报告。

谓语中动词有两个，其中只有“倾听”可以和“报告”搭配，“注视”

不能和“报告”搭配。这句话可以改用两个分句表达：“学员们都带着敬佩的目光注视着这位老红军，倾听着他的英勇事迹报告。”该句两个动词带一个宾语，其中一个能搭配，另一个不能搭配，因为顾此失彼而造成动宾搭配不当。

（4）日本国家安全保障会议成立的目的是扩大首相权力，其核心成员包括首相、外务大臣、防卫大臣、内阁官房长官。核心成员会议又称“四大臣会议”，每月召开两次，负责制定日本中长期外交和安全保障战略，可有效提升“应急处突”的效率，并及时制定和修改日本外交、安保基本方针和策略。

“提升”是指使职位、等级等得到提高，但不能“提升……效率”，可改为“可有效提高‘应急处突’的效率”。

（三）定状补与中心语搭配不当

例如：在漫长的冷战时代里，古美关系长期处于敌对状态。

“时代”指历史上以经济、政治、文化等状态为依据而划分的某个时期，如：封建时代、五四时代等。而这里“古美关系长期处于敌对状态”应是指具有某种特征的一段时间，所以“时代”应该改为“时期”。

（四）词语运用错误

例如：（1）美国俄亥俄州派克县一家 8 口被枪杀。8 名受害者被认定均为罗登家族的成员，8 人的尸体在 4 处不同住宅被发现，其中有 7 名成年人和一名 16 岁的男孩儿，死者均遭头部行刑式枪杀，3 名儿童在这起杀戮中幸免遇难。

“幸免遇难”是错误的，应该改为“幸免于难”。

（2）警察初步断定这是一起蓄意撞人事件，但排出了恐怖袭击的可能性。

“排出”应该改为“排除”。

（3）日本首相安倍晋三认为核能对世界第三经济大国是至关重要的，应该重新启用核能。然而公共普遍反对再启用核能，因为在之前的福岛核泄漏事故中，数以万计的人们被迫转移故乡。

“故乡”是指出生或长期居住过的地方，“转移”指改换、改变位置，故乡是不能转移的，应该改为“被迫转移，离开故乡”。

六、语用病句类型

（一）成分多余

所谓成分多余，是指句子中语义相同的成分重复出现，或者出现了不应该出现的成分，造成语义啰嗦甚至不合逻辑。

1. 主语有多余成分

例如：英国议会的决议通过对“伊斯兰国”实施轰炸的决议。英国皇家空军出动4架“旋风”式战斗机对位于叙利亚的“伊斯兰国”大本营实施首次空袭任务。

不能出现两个“决议”做主语，造成主谓不相应，而使句子不通。应该删除第一个或将第二个改为“决定”并在“通过”后加“了”。

2. 谓语有多余成分

有些句子已有一个动词或动词性词语作谓语，又加进一个动词或动词性词语作谓语。

例如：从卡斯特罗新政府成立后，艾森豪威尔、肯尼迪、约翰逊、尼克松、福特等历任美国总统对古巴基本采取敌对、封锁的态度，直到吉米·卡特 1977 年上台后，才采取尝试恢复美古关系。

谓语重叠，出现两个谓语。应该删除第二个“采取”，改为“才尝试恢复美古关系”。

3. 宾语有多余成分

动词后本来有合适的宾语，可是还硬要加进不合适的词语，造成宾语有多余的成分。例如：据悉，近期希拉里将到最先开始投票的爱荷华州和新罕布什尔州进行拉票选举。

“进行”的对象该是“拉票”，不是“选举”，宾语有多余成分，动宾意义不搭配，应删除“选举”。

4. 定语有多余成分

例如：日本加紧批评中国在南中国海气势汹汹的咄咄逼人的做法激怒了中国政府，同时两国船只和飞机不断在有争议岛屿周边相互尾随。

“气势汹汹”和“咄咄逼人”意思相同，定语多余，应该删除一个。

5. 状语有多余成分

例如：女性参与选举并胜出的确是沙特的里程碑时刻，这预示着沙特男女平等的时刻指日可待，同时也说明了沙特政府敢于“开眼看世界”，打破传统。这无疑是其政治和文化向前迈进了一小进步。

“里程碑时刻”应该是意义重大，同时又说这是“沙特政府敢于‘开眼看世界’，打破传统。”说明进步是很大的，前后意思不符，应该改为“这无疑是其政治和文化的巨大进步”。

6. 补语有多余成分

例如：越南和美国同意推动包括海警训练、巡逻船供给在内的军事合作更加密切，以应对人为灾祸。然而与美国其他的所有军事伙伴相似，这些武器商务含有包括与人权相关在内的一些苛刻要求。

“同意推动”的宾语是“军事合作”，因此，补语“更加密切”多余的，应删去。

7. 中心语有多余成分

例如：由于此次罢工，许多滞留的乘客不得不在车站停留等待并过夜。

“滞留”与“停留等待”语义重复，谓语中心语“停留”多余，应该删除，改为“许多滞留的乘客不得不在车站过夜”。

（二）语序有误

语序是汉语的重要语法手段之一。语序既有灵活性，也有强制性。不同的语序往往反映不同的结构层次和结构关系。语序不当，会使句意表达不清，产生歧义甚至造成语病。

所谓语序有误，是指一些句子成分倒置了应有的语序，以致造成语义模糊或不合逻辑。

1. 定状错位

例如：两国关系出现重大变化，显然不只是其中一国的单向诉求就能决定的。奥巴马能踏上古巴的土地进行访问，这与古巴国内政治近年的变化是分不开的。

把状语放在定语的位置上。应该把时间状语“近年”放在“古巴国内政治”前面。

2. 状补错位

例如：如果发现美国进行任何所谓特种作战的微小动向，或者任何侵害朝鲜主权的细微征兆，朝鲜就绝不会错过机会，以毫不留情地核先发制人打击，“将美国从地球上永远抹去”。

“核”后面应该接“打击”作“先发制人”的状语，应该改为“会毫不留情地以核打击先发制人”。

3．状语错位

例如：今年7月，日媒一度又鼓吹“心神”要首飞的消息，声称“心神”将在今年9月首飞，结果又落空。

“一度”应该修饰“鼓吹”，应该改为“日媒又一度鼓吹‘心神’要首飞的消息”。

4．误补为定

错将补语置于定语的位置上。

例如：演习分两个阶段：第一阶段在18号举行，旨在训练“检查可疑船只”；第二阶段最初计划在20日举行，后由于恶劣天气改为21号，主要针对“搜救、联络和相互配合”。

“恶劣”应修饰“天气”，“恶劣天气”应该改为“天气恶劣”。

5．语序混乱

例如：（1）以色列政府把阿拉法特用军队“软禁”起来，为和平解决巴以争端蒙上了一层阴影。

表示方式的状语“用军队”应放在表示对象的状语“把阿拉法特”之前。

（2）普京称：“俄海军的任何行动都是符合协议的”，这是为“在乌克兰恢复法律和秩序”。

“这是为‘在乌克兰恢复法律和秩序’”语序混乱，应该为“这是为“恢复乌克兰地区的法律和秩序”。”

（3）有人将此次奥巴马访问日本广岛被解读为美国在向日本道歉，但白宫官员表示在对日本使用核武器这件事上，美国并没有欠日本一个道歉，此次访问是让人们意识到核武器可怕破坏力的再次警告。

“有人将此次奥巴马访问日本广岛被解读为美国在向日本道歉”语序混乱，应该删去“有人将”或“被”。

七、复句常见病误及修改

复句常见的病句类跟单句有所不同，主要发生在分句间意义上缺乏联系、分句间次序层次混乱以及关联词语使用不当这三个方面。

（一）分句间意义缺乏联系

例如：虽然在局势紧张之际发导弹是朝鲜“常打的牌”，但多以短程导弹为主，射程可达1300公里的“芦洞”不仅覆盖韩国全境，还能打到日本多个城市。

分句之间前后表述意思不统一，关联词“不仅……还能”表示递进关系。但前面说的是“但多以短程导弹为主”。

（二）分句间次序层次混乱

复句分句间的意义关系，在语法上主要是通过语序和层次来体现的，如果违背了，就会造成分句间次序和层次的混乱，影响句子的合法性。

例如：场院屋的门大开着，遍地是被践踏乱了的干草，屋里弥漫着一股火药味儿，草上还有星星点点的几点鲜血和几颗亮晶晶的手枪弹壳。

按照空间顺序排列的承接复句，分句之间的顺序不能随意调换，“遍地是被践踏乱了的干草”应放“屋里弥漫着一股火药味儿”之后。

（三）关联词语使用不当

1. 关联词语与分句间的逻辑意义相悖

不同的关联词语表达分句之间不同的结构关系和语义关系。关联词语误用，会影响意思的准确表达。例如：

（1）已有600余名英国警察及近400名英国官员被派往事发现场进行调查，并且防止下一次袭击发生。并且，英国警方击毙了一名23岁袭击者，并确认了其身份。

“并、并且”是递进关系，句中连用两个“并且”，第一个应是错用，“进行调查”后面应是目的，应将“并且”改为连词“以”表示目的。

（2）安倍表示日本反对中国设定的东海防空识别区，拜登则表示不承认中国东海防空识别区。

“则”表示对比，安倍和拜登的态度是一致的，应该用“也”表示递进关系。

2. 关联词语滥用

例如：（3）不过，美国官员称但他们对此人是否已经丧生态度谨慎，称需要一段时间搜集证据来确认其已死，除非恐怖分子发出哀悼声明。

句中“但”多余，没有转折关系，应该删除。连用两个“称”，第二个可以改为连词“而且”。

3. 关联词语欠用

例如：（4）华盛顿——尽管西方国家做出了种种努力来在战场上对抗“伊斯兰国”（Islamic State），该组织的影响范围和组织能力却在逐渐增加，在伊拉克和叙利亚境外的据点变得日益危险，策略上也越来越鼓励使用引人注目的暴力行为来攻击平民。

“尽管……来”应改为“尽管……以”表示目的，后一个复句应该使用表示转折关系的连词“但是”，改为“华盛顿——尽管西方国家做出了种种努力以在战场上对抗‘伊斯兰国’（Islamic State），但是该组织的影响范围和组织能力却在逐渐增加……”

（5）2012年12月，数万名埃及民众在总统府外示威游行，要求穆尔西撤销新宪法声明并推迟新宪法草案公投。随后穆尔西支持者与反对者随后爆发大规模冲突，造成10人死亡，数百人受伤。

句中出现了两个副词“随后”，表示紧接某种情况或行动之后，多跟“就”连用。改为“随后穆尔西支持者与反对者就爆发大规模冲突，造成10人死亡，数百人受伤”。

4．关联词语搭配不当

复句中成对使用的关联词语一般都有相对固定的格式，不能随意搭配。例如：

（6）几天来，朝鲜艺术家们在北京参观、访问、演出，无论走到哪里，哪里就响起热烈的掌声，这体现了中朝两国人民和军队的深厚战斗友谊。

“无论”后常用“也、都、总、还”来呼应，而不能同“就”搭配，可删去“无论”，改为顺承关系。

（7）俄亥俄级弹道导弹核潜艇搭载的三叉戟IID5导弹。不仅仅美国海军使用这种导弹，而且英国海军也装备它。

连接词应改为“不仅……而且”，而不是“不仅仅……而且”。

（8）在巴黎发生的大屠杀和之前在贝鲁特发生的爆炸袭击及在埃及坠毁的俄罗斯客机一样，都由“伊斯兰国”宣称负责。

连接词“及”应该改为“与”。

5．关联词语位置有误

例如：（9）但沙特阿拉伯的经济、外交和军事政策均由皇室成员及国王任命的各部大臣制定。该国还不曾出现过女性大臣。

上下句之间没有转折关系，不应用“但”，联系上下文，前后分句之间有转折关系，“但”应该放在“该国还不曾出现过女性大臣”前面。

（10）地下军事要塞的建筑由于是在秘密状态下进行的，因此，为防止军事泄密，劳工要么被折磨死，要么被秘密杀害。

分句的主语不同，前一分句的主语“地下军事要塞的建筑”应放在“由于”之后。

八、情报语言编译中常见的语病

（一）定语过长，妨碍理解

汉语的定语长度之所以受限，根本原因在于定语的位置。汉语定语的语序在中心成分之前。英语里较短的定语，如单词往往在中心语之前，较长的定语，如短语或定语从句一般在中心语之后。俄语的定语分为一致定语和非一致定语，一致定语在中心语前，非一致定语在中心语后。汉语定语前置的特点决定了汉语名词扩展模式和扩展能力的不同。

如果用D代表定语，Z代表中心语，汉语与英语俄语中名词的扩展模式的不同可以表示为：

汉语：DZ（左向倚重结构）；

英俄语：DZD（镜像式结构）。

汉语在一个名词上加定语的长度受到一定的限制，不像英语和俄语那样可以加得更长，这是因为英俄语是DZD结构，定语的总长度等于前置定语和后置定语的总和，而汉语是DZ结构，定语的长度等于它的起始到Z的距离。英俄定语由于可以安排在名词的两边，其极限长度可以比汉语长出1倍。

从理论上讲，一个名词的定语长度是无限的，但在实际的话语中，名词定语的长度要受到人脑短时记忆能力的限制，如果过长，会导致念了后面的而忘了前面的，妨碍对句子的理解。下列方法可以将长定语化短：

1. 将定语独立成句，即将作定语的主谓结构抽出来单独成一个分句，使原定语变短；并用代词复指，衔接上下文。例如：

（1）对于在不受约束的货币市场上通过迅速出击赚取了数以十亿计的美元，而现在却在为世界出主意，指出如何清理这种出击造成的糟糕局面的人，人们又怎么看呢？

改为：有的人在不受约束的货币市场上通过迅速出击赚取了数以十亿计的美元，而现在却在为世界出主意，指出如何清理这种出击造成的糟糕局面，对这种人人们又怎么看呢？

（2）当整个世界都在关注着克林顿总统的绯闻闹剧，战争已如同电子游戏般仅仅成为一种荧屏经历，萨达姆对冰雹般落下的炸弹熟视无睹，依然我行我素时，这群年轻人却默默锻造着自己的锋芒，以期为美国获得更多更高的荣誉。

改为：整个世界都在关注着克林顿总统的绯闻闹剧，战争已如同电子游戏般仅仅成为一种荧屏经历，萨达姆对冰雹般落下的炸弹熟视无睹，依然我行我素，此时这群年轻人却默默锻造着自己的锋芒，以期为美国获得更多更高的荣誉。

2. 重出中心语，当一个中心语前有几个定语时，可以将中心语重复一下，将原来的几个定语分散开。例如：

（3）我们是一个敢于负责的、考虑周全的和不畏强暴的国家。

改为：我们是一个敢于负责的国家，一个考虑周全和不畏强暴的国家。

（4）一个贫穷落后封闭自守的，充满了内部矛盾和外部危机的民族，是不可能自立于世界民族之林的。

改为：一个贫穷落后封闭自守的民族，一个充满了内部矛盾和外部危机的民族，是不可能自立于世界民族之林的。

3. 定语中如有并列成分，将并列成分抽取出来变成列举结构。例如：

（5）全球经济将经不起由我们的冷战后世界带来的诸如贸易保护主义、民粹主义、民族主义、民族沙文主义、狂热主义和恐怖活动种种不利影响的打击。

改为：全球经济将经不起由我们的冷战后世界带来的种种不利影响的打击，这些不利影响诸如贸易保护主义、民粹主义、民族主义、民族沙文主义、狂热主义和恐怖活动等。

4. 把作主语的定中结构变成宾语。

汉语宾语所允许的定语的长度要比主语长。其原因是：

其一，“句末重心原则”是指句子中较重的部分应该置于接近句末的地方，否则句子就不自然不平衡。较重的部分指较长或语法结构比较复杂的成分。

其二，主题是已知成分，述题是新信息。定语过长，主题占用时间过久，会增加听话者的焦虑；如果主题过长，述题较短，句子会显得头重脚轻，很不平衡。例如：

（6）要将燃烧着向往真理之火的热情献给人们的强烈愿望充溢在他的心头。

改为：他心中充溢着要将燃烧着向往真理之火的热情献给人们的强烈愿望。

（二）“的”字太多，不符合汉语表达习惯

汉语的定语有带“的”和不带“的”两种。不带“的”的定语，不论其本身的扩展还是中心词的扩展，都有一定的封闭性，不可能太长。带“的”的定语理论上可以扩展得很长，但如果加“的”过多，就显得

拖沓累赘，句子的可接受性降低，一般一个名词前的定语中超过 3 个“的”，就难以接受。例如：

（1）以色列和巴基斯坦谈判代表今天说，他们正在考虑美国提出的达成一项解决他们 52 年来的争端的可能的解决办法。

（2）它将配合由美国领导的对历时已经 9 周的暴力冲突的原因进行的国际调查。

（3）将一个受群众爱戴的、能干的、有成就的和两次当选的总统的问题交给参议院审理的决定与其说有强烈的派性，不如说是十分轻浮的举动。

根据汉语的表达习惯，应该多项定语合并，尽量减少“的”字的数量。例如：

（4）这种感情感动了母亲，虽然母亲对它还不甚理解，但这种感情却以其可喜的、青春的、令人陶醉的、充满希望的力量使她逐渐挺起了腰杆。

合并后：这种感情感动了母亲，虽然母亲对它还不甚理解，但这种感情却以其可喜而富有青春气息，令人陶醉而又充满希望的力量使她逐渐挺起了腰杆。

（三）滥用被动句

一个句子通常可以分为两个部分，主语部分和谓语部分；主语部分是叙述、说明、描写的对象，谓语部分是对主语的叙述、说明和描写。主语部分和谓语部分的核心是主语和谓语。

汉语的主语和谓语之间不一定是动作者与动作的关系。主语可以是动作的施事、受事，或既不是施事也不是受事，而是一个话题。例如：

（1）安全官员泄露了机密情报。（施事）

（2）机密情报泄露了。（受事）

（3）机密情报被泄露了。（受事）

（4）机密情报被安全官员泄露了。（受事）

（5）泄露的机密情报已经追回。（受事）

（6）机密情报的被泄露给国家造成了难以估量的损失。（话题）

当主语为受事时，既可以用主动句表述，如（2）和（5），也可以用被动句表述，如（3）和（4）。但是汉语的被动句具有特殊的语义特征，即对某个特定的对象来说是受损害的，简称为“受损”。在表义上，汉语的被动句从古至今多表示不幸、不如意的事件，或是受事主语不情愿、不企望的事件。在书面语中，汉语被动句的语义正在离开传统，走向中性化，这在编译性新闻作品中，可能也与外语被动句的翻译有关。如下列句子并没有受损的特点：

（7）反导条约被公认为战略稳定的基石。

（8）哥伦比亚被看作是一个主要的不安定地区。

（9）这一系统（指战区导弹防御系统）却被说成是为了提防“无赖国家”。

（10）萨达姆被有些人誉为阿拉伯世界的英雄。

（11）宙斯盾系统未来有可能会被用于战区导弹防御系统中。

（12）有50来名抵抗运动的干部被派到布达佩斯希尔顿饭店接受训练。

一般地说，如果受事主语是非指人名词，且表达的语义没有“受损”特征，那么宜译作受事主语句，译作“被”字句反而显得累赘。

受事主语句主要有如下两种形式：

其一，受事主语＋施事主语＋谓语

敌人的第一道防线我军业已突破。

其二，受事主语+（施事主语）+谓语

敌人的第一道防线业已突破。

下列被动句中的“被”就可以去掉，变成受事主语句，更简洁流畅。

（13）飞行员对已被确定位置的目标投射激光制作炸弹。

（14）将人工重新计票的结果计算在佛罗里达州大选结果中的做法不符合宪法，应该被禁止。

（15）这一记录不仅可以达到，还能被大幅刷新。

（16）如果我们想同中国相处得越来越好，中国政府的这些积极表现都不应被忽视。

（17）海军陆战队一直被用来对付索马里海盗，并为中国在危险地区的援助工作提供安全保障。

（18）轰炸目标是以色列陆军声称被用于操纵伊朗无人机的一辆移动拖车。

由于汉语被动句具有“受损”的语义特征，所以当受事没有受损倾向时，有时不宜用被动句，要变换为主动句。如：

（19）2月8日晚上8点，英国首相布莱尔和外交大臣库克被服务员领入法国总统希拉克位于尼斯卫城中心的办公室。（用被动句感觉进入了一个很危险的地方）

应改为主动句：

（20）2月8日晚上8点，服务员带领英国首相布莱尔和外交大臣库克进入了法国总统希拉克位于尼斯卫城中心的办公室。

（21）2月8日晚上8点，在服务员的带领下，英国首相布莱尔和外交大臣库克进入了法国总统希拉克位于尼斯卫城中心的办公室。

（四）并列成分语序不当

并列成分的顺序原则上应该是灵活的，即直接成分顺序的改变，不会改变原来并列结构的性质。但这并不等于说可以随意安排并列成分的顺序。实际的情况是，人们常常遵循一些可以概括的原则来安排并列成分的顺序。合理安排并列成分的语序，是情报语言严谨性、逻辑性的重要体现。此外，从情报素材中并列成分的排序也可以捕捉到隐含的情报信息。情报语言中并列成分的排序主要依照以下原则：

1．关系定序原则

所谓关系定序原则，是指并列短语中直接成分的顺序要受到谈话人、谈论的主题及上下文相关成分的顺序等有关因素的制约。例如：

（1）金大中说，他和小渊惠三一致认为，汉城、东京和华盛顿必须在安全方面作出安排，共同对付平壤正在制造的大规模杀伤性武器。

在这个句子中，前一个并列结构中把代指“金大中”的“他”放在前面，是因为“金大中”是这段话的发布者，第二个并列结构中是三个国家首都的排序，谈话所涉及的三个国家中把参与谈话的两个放在前面。

（2）车场、炮场、机械场的位置必须安全，便于车辆、火炮、机械的进出、停放、维修。

该句中第二个、第三个并列结构的顺序是按与第一个并列结构相关成分的顺序排列的。

2．价值定序原则

所谓价值定序原则，指按一定社会的价值观或说话人认为重要的、主要的、严重的事物排在前面，即指在肯定或否定方面由高值到低值或从低值到高值。例如：

（3）新任欧盟委员会主席必须具备以下素质：政治经验、经济知识、管理技能和绝对的正直。（代表四种素质的重要性由高到低）

（4）美俄国防部长都认为，未来战争，亚洲、波斯湾和太空将是主要战场。（依照主要的程度由高到低）

（5）美国建防御盾牌最初的借口是对付不守规矩的“无赖国家”的攻击，可实际上也是针对俄罗斯、中国和欧盟这样的国家。（防御的重点依次为俄罗斯、中国、欧盟）

（6）美国空军称，无人机和有人驾驶飞机飞行员、网络和情报、监视和侦察以及其他技术人才的短缺是重中之重，空军期望在 2020 年前增加 4000 名现役空军军人。（按照短缺的严重程度由重到轻）

3．程序定序原则

所谓程序定序原则，是指并列的几项存在自然的时间先后或因果联系，这时并列项的排列就是按照这种自然的顺序或由因到果的顺序进行的。例如：

（7）俄罗斯通过新闻媒体有选择地披露其核武器的研制、试验、部署及部队的训练演习情况。（核武器从产生到运用的程序）

（8）韩国国防部在递交给国会的一份报告中说，韩美同盟将举行“关键决断”和“乙支自由卫士”演习，以发展他们所谓的“4D 作战概念”，即防御、探测、扰乱和摧毁朝鲜导弹威胁的作战概念。（防御对方导弹攻击的程序）

（9）1968 年存在的有核国家是：美国、俄罗斯、英国、法国和中国。（按照拥有核武器的先后）

（10）美国、英国、法国、俄罗斯和中国在 1995 年永久延长的《核不扩散条约》中曾正式作出承诺。（按照条约签字的先后）

4．空间定序原则

空间定序是指并列事物按照相邻的顺序排列。例如：

（11）科恩今天与阿联酋总统举行会谈。科恩说，五角大楼可以在阿联酋、沙特、科威特、阿曼、卡塔尔和巴林设置接收器，以接收美国卫星和其他情报工具发出的有关监视该地区导弹试验的情报。

5．字母定序原则

字母定序是指并列成分的排列，以其英文词首字母的顺序进行排列。例如：

（12）19 个北约盟国中的 13 个国家参加了对南斯拉夫的空袭行动。这 13 个国家是：比利时、英国、加拿大、丹麦、法国、德国、意大利、荷兰、挪威、葡萄牙、西班牙、土耳其和美国。

下列句中并列成分的表述顺序不合理，违背了关系定序的原则。

例（13）出自《法国费加罗报》的一篇文章，题目为《科索沃危机：法美态度》。

（13）克林顿和希拉克已达成一致意见，一旦和谈失败，法国和美国就毫不犹豫地立即进行军事干预。这一警告是在希拉克总统结束对美国访问时举行的联合记者招待会上发出的。

句中的第一个并列短语与题目的“法美”顺序不一致，应把“希拉克”放在前边，以与题目和后面的“法国和美国”相对应。

（14）文章题目：外电外报评述中俄元首非正式会晤成果

——中俄为建立 21 世纪伙伴关系打基础

正文：

分析家们说，北京和莫斯科为建立旨在对抗美国在世界舞台上统治地位的 21 世纪伙伴关系打下了基础。普京与中国主席习近平两天的最高级会谈坚定了北京与莫斯科反对美国日益强化的军事和政治控制权的立场。

句中画线的并列结构顺序，与前后相关并列结构的顺序不一致，应该与“中俄”，“北京与莫斯科”的顺序相对应，改为“中国主席习近平与普京”。

有些并列成分内部有层次，需要借助分号、逗号和顿号区分层次。如例（15）这篇文章：

日本再增防卫预算

综合互联网消息，据日本、英国媒体报道，12月24日日本内阁会议正式批准2014财年预算案，防卫预算较2013财年增加2.8%，达到18年来最大增幅，这是防卫预算连续第二年增加，其中用于购置军备的费用增幅达25.6%。预算内容包括：计划购买4架F-35战机，3架P-1巡逻机和4架SH-60K巡逻直升机，并建造1艘新驱逐舰和1艘2900吨级的潜艇；数年内新设“水陆两用团”，并拨款采购相关训练器材和2辆水陆两栖装甲车；调查采购“鱼鹰”倾转旋翼机和“全球鹰”无人机；采购爱国者3型反导系统和建造10艘1000吨级巡逻船。路透社认为，“此举是为呼应12月17日通过的《防卫计划大纲》及《中期防卫力整备计划》，以及应对当前日本与中韩两国的岛屿争端。”

文章中的并列成分有三个层次，分别用分号、逗号和顿号加以区分，其中“购买4架F-35战机，3架P-1巡逻机和4架SH-60K巡逻直升机”，逗号应改为顿号。

（16）需要加以考虑的课题包括：每一个国家核武器和核材料的生产、处理和贮存的方案、包括核武器的数量、投掷工具和整个戒备状态在内的核力量态势、军备控制技术、拆除和销毁核弹头。

例（16）用了4个“和”，这些“和”所连接的成分并不都属于相同的层次，标点从头至尾都用顿号，使得整个结构层次不清。可以改为下列表述方式：

需要加以考虑的课题包括：每一个国家核武器与核材料的生产、处理和贮存的方案，包括核武器的数量、投掷工具及整个戒备状态在内的核力量态势，军备控制技术，拆除并销毁核弹头。

（17）据美联社报道，霍金斯强调，美国海军在战略性水域旨在促进地区安全和保障通商和航行自由的巡逻已经持续了70年，这一传统还将继续。

连词多用，使语句累赘，应改为“促进地区安全、保障通商和航行自由”。

（18）菲律宾德拉萨列大学学者理查德·海达里安说，早在上世纪80年代，由于位于核心位置，费厄里·克洛斯礁（我永暑礁）就被视为该地区可能建设的基地和设施的指挥和控制中心。

连用两个“和”，层次不清，应改为“该地区可能建设的基地及设施的指挥和控制中心”。

（19）健全消防组织，配齐消防器材，经常检查和消除火灾隐患。

“检查火灾隐患”和“消除火灾隐患”都可以说，但动词和宾语之间的语义关系不同，“检查火灾隐患”中，宾语是动词的目的，即为了发现火灾隐患而检查。但在“消除火灾隐患”中，宾语是动词的受事，即将已存在的火灾隐患消除。此句最好说成“经常检查以消除火灾隐患”。

（五）表意不清晰，或有歧义

情报语言要求语义表达清楚明白，便于理解，没有歧义。以下句子表义不清：

（1）当天早些时候，悬挂朝鲜国旗的油轮“晨曦荣耀号”装载原油，突破利比亚海军封锁，离开由一支地方民兵控制的利比亚东部锡代尔港，驶入公海。

（2）据悉，奥巴马将参观广岛和平纪念公园，今年早些时候美国务卿克里也层拜访过此纪念公园。

例（1）中“当天早些时候”，例（2）中“今年早些时候”，时间模糊不清，应该给出准确具体的时间。

（3）两国将在政治、经济、社会、文化、人力、交流等领域加强合作，并讨论发展成熟、未来指向型战略合作伙伴关系的方案。

例（3）中“讨论发展成熟、未来指向型战略合作伙伴关系的方案”表意不清楚，难于理解，应改为“讨论发展成熟的未来指向型战略合作伙伴关系的方案”。

（4）由于小布什对《全面禁止核试验条约》《反弹道导弹条约》采取不愿意受局限的立场，使俄罗斯和中共成为自然的盟友。

例（4）仅就该句来理解，“使俄罗斯和中共成为自然的盟友”有两种意思：一种是使俄中成为盟友，与美构成对立面；另一种是使中俄成为美国的盟友。应把最后一句改成“使俄罗斯和中共结成了自然的盟友”。

（5）与历届共和党总统不同，克林顿没有对天马行空的格林斯潘施加明确压力。

例（5）仅就这个句子来看，可以有两个信息焦点，焦点不同，意义也就不同。如以“历届”为焦点，那么克林顿是共和党总统；如以“共和党”为焦点，克林顿是民主党人。而实际上克林顿是民主党人，所以在表达上，应将“历届”去掉，焦点自然落在“共和党总统”上。

第三节　培养正确使用汉语标点符号的能力

标点符号作为辅助文字记录语言的符号，是书面语的有机组成部分，如使用不当，或断句困难引起阅读不适，或层次不清使人认识困难，或意义不明将理解引入歧途。在情报编写中，标点符号的规范运用非常重要，理当受到高度重视。

一、标点符号的种类和书写位置

现行常用的标点符号有 16 种，包括点号和标号两大类。7 种点号分别是句号（。）、问号（？）、叹号（！）、逗号（，）、顿号（、）、分号（；）、冒号（：）。点号又有句末点号和句内点号之分，句号、问号、叹号是句末点号，逗号、顿号、分号、冒号是句内点号。9 种标号分别是破折号（——）、括号（（ ））、省略号（……）、书名号（《》）、引号（“”）、连接号（—或～）、间隔号（·）、着重号（.）、专名号（__）。

情报人员在使用标点符号时，应该注意它们的书写位置。点号占一个字的位置，居左偏下，不出现在一行之首。破折号和省略号占两个字的位置，中间不能断开；连接号和间隔号一般占一个字的位置；这四种符号的位置上下居中。着重号、专名号和浪线式书名号标在相应的汉字下面。引号、括号、书名号的前一半不出现在一行之末，后一半不出现在一行之首。引号有单引号和双引号两种形式，一般是外双内单，倘单引号之内又有引文，则再用双引号。

以上规定主要针对横排文稿。直排文稿的标点位置另有规定，个别标点形式有变化，例如：点号位于文字下方右侧，着重号位于文字右边，书名号放在文字上下，专名号放在文字的左边。引号使用竖引号，括号、破折号、省略号都要改用相应的适宜直排的写法。

二、标点符号的功能

标点符号在书面语言里具有重要作用，它能够帮助作者辨明语气和口气，分清句子的结构，正确地了解文意。一般说来，点号用来表示停顿或语气，标号用来表示词语的性质或作用。有的标号，例如破折号、省略号和间隔号，也兼有表示停顿的作用。

（一）标点符号和语气、口气

1．句末点号和语气

句号、问号和叹号是位于句末的点号，常常用来表示贯穿全句的语气。陈述语气用句号，疑问语气用问号，感叹语气用叹号，祈使语气则根据语气强弱分别使用叹号或句号。使用这几种点号，情报编写人员需注意几点：

首先，合理使用句号，防止一逗到底。一段文章通常由若干句子组成。由于理解的不同，人们的断句结果也往往大不相同。这种现象不足为奇，重要的是尽量多用句号，防止犯一逗到底的毛病。当然，如果前后文紧密照应（比如用上成对的关联词语），当中则不应断句。例如：

（1）如果俄方无力建设，那与其等待资金出现，显然不如把项目交出去。

其次，问号的使用，不以句中有无疑问代词为标准，也不以句末有无“呢”“吗”等为依据。因为疑问代词不一定表疑问，“呢”“吗”之类也不一定用于问句。例如：

（2）不知郝柏村是不是有另类的蒋介石情结。

反过来说，有些句子虽然形式上跟上边的句子很相似，但它是期望对方回答的，因此要用问号。例如：

（3）不知郝柏村是不是有另类的蒋介石情结？

反问句用的是疑问句形式，尽管不要求对方回答，但也常用问号。例如：

（4）试问，这何光荣之有？

如果反问句是陈述句加上疑问语调构成的，在书面上也要依靠问号来表示。例如：

（5）“9·3”阅兵，纪念抗战，以武止戈，保障民族不再遭外敌入侵，这不就是人民解放军的崇高使命吗？

介乎陈述和疑问之间的句子，句末点号应灵活运用。例如：

（6）这大概不会影响到美国军事力量的发展吧？（用问号，表示疑多于信）

（7）这大概不会影响到美国军事力量的发展吧。（用句号，表示信多于疑）

选择问句虽然包括几项，但它是一个句子，只需在句末用上一个问号。例如：

（8）这场战争的起因究竟是国家内部矛盾，还是与周边国家的矛盾？

很短的选择问句中间可以不用逗号。例如：

（9）默克尔：女神还是傻瓜？

如果为了强调，把选择的内容分几项说，每个句子后面都得用问号。例如：

（10）克里还说："我们做好了谈判的准备，那么巴沙尔是否准备谈判？真的谈判？俄罗斯是否准备把巴沙尔带到谈判桌前真正找到解决这场暴力冲突的办法？"

再次，避免滥用叹号。有人喜欢连用两三个叹号，以为这样可以表达强烈的感情。其实表达强烈的感情应该依靠选词、语序等综合手段，不宜靠叠用叹号。还有人以为带有感情的句子都须用叹号，殊不知滥用叹号反而会失去它应有的作用。

2．句内点号和口气

在表达口气方面，句内点号大体有两种作用：一是强调某些词语，二是表示激动的感情。例如：

（11）美国，作为世界上最强大的国家，应该继续在维护和延续基于规则的国际秩序方面发挥领导作用。

（12）英国女王：20 世纪的"活历史"。

例（11）（12）句内的停顿是为了强调。用逗号，强调的往往是前面的词语；用冒号，强调的是它后面的部分。

3．标号和口气

省略号常用来表示语气的断续。例如：

（13）他颤动着嘴唇低低地说："你……怎么……又来了？……不要……为我……耽误工作！"

引号可以用来指明强调的词语，引起读者注意。例如：

（14）中俄关系发展达到"历史巅峰"，并且在继续发展。

（15）台湾"极为关注"此次习近平访美。

例（14）引号里面词语的意思没有改变，属正面提引。例（15）引号里面的词语的意思不同于一般解释，属反面提引。这些经引号特别提引的词语，在说话时都用强调的口气来表示。

（二）标点符号和句子结构

标点符号和句子结构的关系十分密切，大体有三种情况：一是某些结构中不能用某些点号；二是某些结构中必须用某些点号；三是某些结构中可以用某些点号，但有一定的条件。值得注意的是第三种情况。

1. 句子各部分之间的点号

能用在句子各部分之间的有逗号、分号和冒号。用逗号的机会最多，其次是冒号。

如果主语太长，谓语的层次也较复杂，为了便于阅读，也可以用逗号。例如：

（1）推广全国通行的普通话，是关系到建设物质文明和精神文明的必不可少的措施。

动词和宾语之间一般不用逗号，宾语是比较长的主谓短语时，有时用逗号隔开。例如：

（2）基斯塔诺夫表示，俄罗斯与日本互动不会损害同中国的关系。

如果要突出宾语，逗号便改用冒号。例如：

（3）而经过更理性的思考可以确认：上述两种情况都不可能很快发生。

这种用法的冒号还可以用在动词“是”后面，或用在句中起提示上文，总括下文的作用。例如：

（4）最重要的是：这个国家对于石油价格暴跌准备不足，从而令政府收入和增长率遭受重创。

2. 联合短语中的点号

联合短语中各成分之间如果没有明显的停顿，当中便不用点号。例如“青少年”不写成“青、少年”，“马列主义”不写成“马、列主义”，“桌椅板凳”不写成“桌、椅、板凳”。

如果当中有明显的停顿，可以用顿号或逗号。用顿号还是用逗号，主要依据并列各项的长短和停顿的大小。例如：

（5）提名名单汇聚了印度、韩国、古巴、奥地利、法国、意大利、加拿大、英国和美国等10多个国家的商业精英。

（6）改革内容包括将四总部功能融入中央军委联合司令部中，成立陆军总部（含二炮）、空军总部、海军总部。

并列的各项如果有层次，有些顿号就要升为逗号。例如：

（7）中国国防部提出全面推进基础领域、重点技术领域和主要行业标准军民通用，广泛开展军民合建共用基础设施，推动军地海洋、太空、空域、测绘、导航、气象、频谱等资源合理开发和合作使用。

3. 分句之间的点号

分句之间多用逗号，有时兼用分号。分号的使用主要目的在分清层次，有时也为了避免歧义或强调某些分句的独立性。

单重的并列复句，如果分句内部已用逗号，又没有关联词语把并列关系表示出来，就要用分号。例如：

（8）取消七大军区，划分东北、西北、东南、西南四大战区；取消集团军建制，将现有的18个集团军和一个空降军改编成15个作战师；取消省军区，成立国防厅等。

偏正关系的复句，如果偏句的独立性较强，而且偏句或正句内部又用上了逗号，这时，偏句后面可以用分号。例如：

（9）我国年满18周岁的公民，不分民族、种族、性别、职业、家庭出身、宗教信仰、教育程度、财产状况，都有选举权和被选举权；但是依照法律被剥夺政治权利的除外。

三、标点符号的相互关系

（一）点号的层级和使用范围

根据点号表示停顿的长短，可以把点号分为若干层级。列表如下：

<table>
<tr><td>第一层：句末点号</td><td>句号、问号、叹号</td><td rowspan="3">冒号</td></tr>
<tr><td rowspan="3">第二层：句内点号</td><td>第一级：分号</td></tr>
<tr><td>第二级：逗号</td></tr>
<tr><td colspan="2">第三级：顿号</td></tr>
</table>

点号有两个基本的层次。一般说来，句末点号比句内点号表示的停顿长。句内点号又可以分为三级：分号比逗号长，顿号停顿最短。冒号表示的停顿不固定，有时相当于句号，有时相当于分号，有时相当于逗号。一个句子内部用上了不同等级的点号，就可以清楚地显示出层次来。如果其中某个点号有了改变，其他点号也往往跟着发生递升或递降的相应变化。

（1）侵略者的谎言，骗不了人；他们的武力，吓不倒人。

（2）侵略者的谎言骗不了人，他们的武力吓不倒人。

点号的层级和代表的停顿都是相对的，但每个点号都有自己基本的使用范围。顿号只能用在并列的成分之间，逗号只能用在句内，句号、问号和叹号则用在句末。冒号比较特殊，它用在单句或分句的中间时，代表的停顿与逗号相似；用在分句之间时，代表的停顿接近分号；用在句子末尾时，代表的停顿相当于句号。不同的是冒号对下文有提示的作用，有时强调下文是重要的部分，有时表示下面的分句是分说或总说的部分。例如：

（3）马蒂亚斯·文德伯恩说，该中心需要一个“概念”：专业医生，以及在激情不断消退的情况下能够维持下去的支付体系。

（二）标号同点号连用

1. 引号同点号连用

引号和点号连用的时候，如果引文是完整地照录别人的话，引文末尾的点号就放在后引号之前；如果是作为引用者文句的一部分，点号就放在后引号之后。例如：

（1）张老教导他的部下说：“一定要采取实事求是的态度，‘知之为知之，不知为不知’，不要强不知以为知。”

2. 括号同点号连用

括号是表示文中注释的部分。只注释句中一部分词语的是句内括号，注释全句的是句外括号。句内注释紧挨着被注释的词语，它的末尾不用句末点号。句外注释放在句子之后，句外括号内如有句末点号则须保留。例如：

（2）在这种情况下，德国政府的态度（按照科尔总理直言不讳的说法）是，德国“不是移民国家”。

（3）全国各族人民间的大团结万岁！（长时间的鼓掌）伟大的、光荣的祖国万岁！（全场起立。热烈的经久不息的鼓掌，转为欢呼。）

括号还用在次序语的外面，如（一）（二），（甲）（乙）。此时，它的作用相当于顿号，括号后面不可以再用顿号。

3. 破折号、省略号同点号连用

破折号、省略号用在句内或句末时，可以与点号连用。例如：

（4）现在，我肩负着苏联老兵的社会责任，——把这些告诉孩子们。

（5）或许，命运之神庇佑我——在整个战争中，我只受了一次子弹擦伤，甚至连医院都没有去。

（6）我们也在欢呼。……三个月后，我们得到了发起进攻的命令。

以上例句中，破折号、省略号前面的点号省去不用，不会影响原意的表达。

四、标点符号的用法

（一）句号与逗号的区别使用

用句号还是用逗号，主要看句意是否完整。如果句意完整，应该用句号；如果不完整，就用逗号。

句号、逗号使用方面的毛病，一是逗号用得太多而句号用得太少，甚至一逗到底。这主要是因为存在一种误解，即认为意思相连的地方不能用句号隔开。其实，点号代表的停顿是相对的。用了句号并不会把意思全部切断。相反，用句号可以使层次分明；一逗到底，反而会使层次不明。例如：

（1）投资项目之一是跨阿穆尔河铁路大桥，不过，目前谈判还在进行中。（“不过”前应该用句号）

另一种毛病是该用逗号的地方却误用了句号。这主要发生在复句中。有人往往在并列复句或连贯复句中任意使用句号把分句点断，或在其他复句的“而”“但是”“可是”“因此”“那么”“而且”“还”之前用句号点断，这样就割断了分句之间应有的联系。这是必须注意的。例如：

（2）有人说，美国是一个不断提出问题的国家。德国是一个不断研究问题的国家。法国是一个不大在乎问题的国家。日本是一个不断解决问题的国家。中国则是一个常常把问题搞得复杂的国家。（前四个句号应改为逗号，因为后面五个分句组成一个并列复句作“说”的宾语；如果用了句号，“说”的宾语就只有“美国……”一句了。）

（3）我们提倡“言者无罪”，这是不够的。还应当实行“言者有功”。（前一个句号应改为逗号）

需补充说明的是，有时为了使句子简短有力，也可以将该用逗号的地方改用句号，使并列复句化为简短的单句。例如：

（4）我们的事业是正义的。正义的事业是任何敌人也攻不破的。

我国的《国防白皮书》就因为使用错了一个标点符号，引起外国误解。那句话是这样的：

（5）中国主张所有核武器国家明确承诺全面、彻底销毁核武器，并承诺停止研发新型核武器，降低核武器在国家安全政策中的作用。

结果外国各大媒体都使用通栏大标题争先恐后报导：中国承诺停止研发新型核武器！

“彻底销毁核武器”后边画蛇添足多了一个逗号，导致我们国家的新闻发言人口干舌燥地好一番解释。

（二）选择问句中的问号与逗号的使用

选择问句的各个选项之间用逗号，但有时为了强调，也可以将选择问句的各个选项视为独立性的问句而使用问号。例如：

站在他们的前头领导他们呢？还是站在他们的后头指手画脚地批评他们呢？还是站在他们的对面反对他们呢？每个中国人对于这三项都有选择的自由，不过时局将强迫你迅速地选择罢了。

此法需慎用，因为严格地说，各个选项并不是独立的句子，它们只是互相依赖的分句。

（三）并列词语之间的顿号与逗号的使用

1．如果引用的并列词语较长，其间应该用逗号而不用顿号。例如：

（1）马尔科·鲁比奥声称，中国是“我国经济利益面临的一个日益严重的威胁”，“我国安全面临的一个日益严重的危险”。

当然，如果引用的不是并列词语，则两段引语之间就更不能用顿号了。如：

（2）他引述领导人的话说：“治国必先治党，治党务必从严”，“党决不能包庇罪人，党决不容许在社会上有特权阶级”。

2．主语或宾语中的并列词语，如果是单词或结构简单、匀称的词语，就用顿号；如果是较长的，特别是复杂的不匀称的并列语言单位，则用逗号而不用顿号。例如：

（3）本次阅兵有14个徒步方队、30个装备方队、12个空中梯队受阅。

（4）但正是这种时候，才必须冷静探讨日本现在可以做什么，不可以做什么，要怎样整备法制才能弥补不足。

应注意的是，主语中的并列词语如果用逗号点开，主语与谓语之间也应该用逗号点开，否则会影响主语的完整性。例如：

（5）自己的安全，战友的安全，国家的财产一旦出了问题，处置不了或者处置错误，就会造成难以挽回的损失。（“国家的财产”后应加逗号）

3．并列的引号、书名号之间不用顿号。例如：

（6）日本政府于17日举行国家安全保障会议和内阁会议，通过了日本新《防卫计划大纲》《中期防卫力量整备计划（2014—2018）》和《国家安全保障战略》。

（7）应使用“乌克兰东部民间武装”，不使用“乌克兰亲俄武装”“乌克兰民兵武装”“乌克兰分裂分子”等。

但引号、书名号后有括号注释的，要用顿号隔开。

（8）苏轼的名作有《念奴娇》（大江东去）、《水调歌头》（明月几时有）等。

（9）他本人也被尊称为“如来”（意思是“成正觉”）、“佛”（意思是“觉悟者”），奉为佛祖。

（四）冒号的使用

1. 冒号的提示作用直贯句末，所以冒号与下面的点号应协调。例如：

（1）布朗兄弟哈里曼公司的经济学家马克·钱德勒说：相比之下，韩国属于“整个群体中比较有信誉的阵营”。（冒号应删，或改用逗号。）

（2）俄黑海舰队已停靠于塞瓦斯托波尔港，俄装甲部队已沿位于南俄和克里米亚半岛间的克赤部署了4.5千米长的战线。共有大约15000名俄军人抵达克里米亚。乌方也做好了随时反制准备。普京称：“俄海军的任何行动都是符合协议的”，这是为“在乌克兰恢复法律和秩序”。（因为冒号后不全是引用普京的话，所以冒号应改为逗号）

2. 冒号两点位于左下方，数学上的比号两点位于正中，不可相混。例如：

（3）本报讯：德国队以4∶1战胜了英格兰队。

3. 尽量避免冒号套冒号的情况。例如：

（4）下午开大会时，李院长宣布：院里要施行两项改革措施：一是持证上岗，二是脱产培训。

（5）下午开大会时，李院长宣布，院里要施行两项改革措施：一是持证上岗，二是脱产培训。

例（4）出现冒号套冒号的情况，宜将前一冒号改为逗号。例（5）

正确。

（五）引号的使用

1. 直接引用别人的话用引号。如果是间接引用，即转述别人的话，则不用引号。例如：

（1）“欲知大道，必先为史。”每逢重大历史时刻，我们总会回望历史，让历史之光照亮前进的道路。

（2）国务院前副总理耿飚之女、中国华夏文化遗产基金会会长耿莹说，我们的父辈，他们一生只有一个信念，就是解放全中国，让人民过好日子。

2. 直接引用又可以分为两种：全部引用和局部引用。全部引用即完整地照录别人的话，其引号前用冒号，句末点号应放在引号内。

（3）美方在公告中称：“美国海军的第二艘军舰是按既定安排驶入黑海的，意在维持美国海军在该地区的行动存在。”

局部引用即节录别人的话，把它作为自己文句的组成部分，其引号前一般不用冒号，其句末点号应放在引号外。例如：

（4）抗战精神的第一条就是“天下兴亡、匹夫有责”。

（5）美国海军第六舰队司令格雷迪中将指出，两艘军舰进入黑海的决定先前便已作出，并非针对某种情况采取的应对之策，“在这一具有重要战略意义的地区，我们按我们所选择的时间及速度工作。究其实质，军舰原本就是灵活机动的部队，海军有能力通过独一无二的方式，派出可靠的部队以捍卫我们在全球的利益”。

3. 有两种使用冒号的局部引用值得注意。一是引用的话未至原文句末而将原文的句内点号改为句号时，该句号宜放在引号之外，以提示读者此为局部引用，该句号非原文所有。如例（6）、例（7）：

（6）郁达夫说：“一个没有英雄的民族是可悲的民族，一个拥有英雄而不知道爱戴他的民族则更为可悲”。

（7）奥巴马的副国家安全顾问和战略沟通专家罗兹在 Medium 网站写道：“他不会讨论当时动用原子弹的决定”，“他会向前看，关注我们共同的未来”。

另一种是冒号后只有一部分是原话，这时引文末的句号也应放在引号外，例如：

（8）有的评论家说：徐悲鸿笔下的马，“神形兼备，充满生机”。

（9）他说：伊朗外长应该捎个信给该国领导人，“不要试探以色列的决心”。

4. 平时在遇到双引号与单引号交替使用时，如果是双引号中有引号时用单引号，单引号中如果再有引号就用双引号。直行文稿中的引号也如此使用。例如：

（10）中央纪委发布的一条消息援引王岐山在福建调研时的话说：“必须改变要么是‘好同志’、要么是‘阶下囚’的状况。”

5. 带月、日的事件、节日或其他带有特定意义的词组，为避免理解的不便，应当标明引号。火车、飞机、轮船、航天器具等运载工具的名称加引号时要把“号”放在引号内。

（11）日本侵略者每发动一次侵略战争行动，都对外美化宣称“事变”，诸如“一·二八事变”“华北事变”“七七事变”等，甚至把历时 14 年的侵华战争至今仍叫做“支那事变”。

（12）“克莱蒙特号”轮船是世界上最早出现的蒸汽机轮船，是现代轮船的鼻祖。

6. 括注的简称应加引号

（13）钓鱼岛及其附属岛屿（简称“钓鱼岛”）包括钓鱼岛、黄尾屿、赤尾屿、南小岛、北小岛等岛屿，自古以来就是中国的固有领土。

（六）括号的使用

圆括号“( )”使用得最多，要注意的是不能写成单书名号“< >”。此外，还有方括号“[ ]”、六角括号“〔 〕”和方头括号“【 】”，方头括号一般用于字典的词条解释，不宜滥用。

1．行文中注释性的文字一般用括号标明。括号中的注释性文字如果是注释句子里某些词语的，该括号叫句内括号；如果是注释整个句子的，该括号叫句外括号。句内括号要紧贴在被注词语之后；如果该被注词语后要用点号，则要放到括号之后；句内括号中可以有顿号、逗号或分号，但即使是一个完整的句子，也不能有句号。例如：

（1）克劳塞维茨（德国人）是军事理论家和军事历史学家，他曾花了极大的精力去研究《孙子兵法》(这是中国古代孙武写的军事学著作，也称《孙武兵法》)。

句外括号独立于被注句子之后。被注句子的句末点号按常规使用。句外括号内部如果是句子，可用句末点号（句号、问号或叹号）；但句外括号内部能不用点号的，尽量不用。例如：

（2）全国各族人民间的大团结万岁！（长时间的鼓掌）伟大的、光荣的祖国万岁！（全场起立。热烈的经久不息的鼓掌，转为欢呼。）

2．还要注意括号中的文字可以是注释说明性的，但也有补充性的文字，这种文字应与正文所用字号相同而不可用小一号字排印。例如：

（3）住址：××省（市）××县（区）××乡（镇）。

此例中的“市”“区”“镇”不可用小一号字排印。

（七）破折号的使用

破折号表明行文中解释说明的语句。它与括号用法不同：破折号引出的解释说明文字是正文的一部分，所以其字号大小须与正文一致；括号里的解释说明文字不是正文，所以可以用小一号字。破折号还可以表示语意的转换、语音的延长。除了我们平时所讲的用法外，破折号的用法还有：

1．用在副标题之前，表示对正题的解释说明。例如：

（1）最后一役击落5架敌机

——记“苏联英雄”马克·马尔琴科夫

应注意的是，副标题及破折号不能和正题写在同一行。

2．用于注释性文字之前。例如：

（2）不战而屈人之兵，善之善者也。

——孙武

另外，情报编写人员在使用破折号还应注意以下几个问题：

第一，破折号占两个字的位置，中间不能断开或分行，也不能用两个连接号来代替。

第二，破折号的位置。破折号以及它后面的解释说明文字应紧贴在被解释的词语之后，而不能间隔在后。例如：

（3）就恰当行为达成协议——旨在确保美中两国军事力量在近距离相遇时能够安全行进——是一座里程碑。

（4）就恰当行为达成协议是一座里程碑——旨在确保美中两国军事力量在近距离相遇时能够安全行进。

上述例（3）破折号的用法正确，例（4）破折号的用法错误。

第三，破折号与点号的连用。破折号虽然是标号，但也可以用来表示停顿乃至声音的延长，所以它实具有点号的功用。因此，破折号之前，除了句号、问号、叹号等表示终了或特定语气的句末点号之外，一般不用其他点号。例如：

（5）我竟不料在这里意外地遇见朋友了，——假如他现在还许我称他为朋友。

此例中的逗号当删。当然，破折号之后是不连用点号的，这也应引起情报编写人员的注意。

第四，破折号之后不能再出现“即”“就是”“例如”等词。

（6）正如年度报告所说，能够满足极端身体要求或从事特殊行动的人员尤其短缺——例如飞行员、战斗蛙人或水雷清理潜水员。计算机和电子学专家同样不足。

（7）有些人说，特朗普政府的战略——即该政府所说的“最大施压与接触”——模糊不清，根本无法与前几任总统的战略区分开来。

破折号的作用是注释内容，“即”“例如”等词语也有解释说明前文的作用，两者并用意思重复，所以破折号之后不能再出现“即”“就是”“例如”等词。例（6）和例（7）中的破折号应该改为逗号。

（八）省略号的使用

1．省略号与点号的连用

原则上讲，省略时不但省略了文字，同时也省略了标点符号，所以省略号前后一般不再用点号，但如果省略号前面是一个完整的句子，则该句的句号、问号、叹号等不能省去，因为这些句末点号属于前一句而不在省略号的省略范围之内，如果将它们省去了，便将前句与省略之句混成一句了。当然，如果省略号前不是个完整的句子，则省略号前的句内点号应省去。至于省略号之后，一般也不用点号，但如果省略号之后还有其他的话，而且这些话与前面的省略部分又不相连，则省略号之后的句号可保留。至于某些表示特殊语气的感叹句或疑问句，则即使其后没有其他的话，其叹号或问号也不能省去。例如：

（1）我不行了，你快撤退！……。难道你还……？

（2）“对他这种违法部队管理规定的行为，……，我能说什么呢？……。”

例（2）的逗号均应删去。当然，省略号后面的标号（如引号、括号的后一半）是不能省去的。

2. 省略号与“等等”不可连用

“等”“等等”“之类”等词语表示列举未尽，所以省略号不可与之连用。例如：

（3）这些要求包括：飞行中的抗过载能力、飞行技术、飞行员身体素质、心理素质……等等。

此例“……”与“等等”应删去其一。如果在书面语中，可以删去“等等”；如果在用口语播送的新闻稿中，应删去“……”，因为省略号读不出来。

3. 省略号不可只用一半（省略号在数学公式中才是三点），也不可换行（即将三点放在前一行的末尾，将另外三点移在下行）。

当然，省略号用在一行之首是可以的。如果表示诗行或整段文字的省略，则必须用12个小圆点独占一行。

（九）间隔号的使用

1. 以月、日为标志的事件或节日，如果用汉字表示，则在涉及1月、11月和12月时，在月、日之间使用间隔号，以避免歧义。例如：

“一·二八”事变、“一二·九”运动、“七七”事变

2．用阿拉伯数字表示时，所有的月、日间都需要间隔号，而且为半角字符间隔号。例如：

美国“9·11”事件、“12·25”抢劫案

3．当外国人名或少数民族的人名中外文缩写字母与中文译名并用时，外文缩写字母后面不用中文间隔号，应用下脚点（齐线小圆点）。例如：

D.H. 劳伦斯

罗伯特·A. 罗维特、

E. 弗莱舍尔·冯·马克索夫

乔治·W. 布什

（十）连接号的用法

1．一字线连接号。标示时间、地域等相关项目间的起止或相关项之间递进式发展时用一字线连接号。例如：

（1）人类的发展可以分为古猿—猿人—古人—新人这四个阶段。

（2）秦皇岛—沈阳将建成铁路客运专线。

2．短横线连接号。主要用于产品型号、化合物名称、代码及其他相关项目间的连接。武器名称都用短横线连接号，例如：

“东风”–17 高超音速滑翔器

“超级大黄蜂”F/A–18 舰载战斗机

3．浪纹线连接号。标示数值范围的起止时用浪纹线连接。例如：

第七～九课

100 米～200 米

（十一）书籍或文章中结构层次序数的安排及其标点符号的用法

一般章节中的结构层次序数，第一层用“一、”“二、”等，第二层用“(一)”“(二)”等，第三层用“1.”“2.”等，第四层用“(1)”“(2)”等，第五层用“1)”“2)”等。需要注意以下几点：

1. “一”“二”等如果单独占一行时就不再用任何标点符号；当它后面紧接其他文字时则使用顿号，顿号占一个汉字的位置。

2. 阿拉伯数字、拉丁字母、罗马字母后面用小圆点而不用顿号、逗号或冒号。这个小圆点占半个汉字（敲一下空格健）的位置而不要占一个汉字的位置。

3. 已经加括号或圈号的数字不再加其他标点符号，即不可用“(一)、”“(1).”“①.”。

4. 科学技术标准或学术论文的层次序数全部使用阿拉伯数字，数字后空一字而不用任何标点符号。如“1 范围”“2 引用标准”。

5. 行文中如果使用“甲”“乙”“丙”等来表示层次，可用括号、顿号或逗号，即用“(甲)”“甲、”“甲，”等。

6. 行文中如果使用“第一”“第二”“第三”……，或“其一”“其二”“其三”……，或“首先”“其次”“再次”“最后”等来表示文章层次时，其后一律用逗号；但是如果使用“第一是……”“第二是……”或“一是……”“二是……”等与下文紧密联系的序数表示法，则其后不用标点符号。例如：

（1）国家主席习近平22日在美国西雅图发表演讲。习近平表示，在新起点上推进中美新型大国关系，携手合作促进世界和平与发展，要做好几件事：

第一，正确判断彼此战略意图；

第二，坚定不移推进合作共赢；

第三，妥善有效管控分歧；

第四，广泛培植人民友谊。

（2）在新起点上推进中美新型大国关系，携手合作促进世界和平与发展，要做好几件事。第一件事是正确判断彼此战略意图；第二件事是坚定不移推进合作共赢；第三件事是妥善有效管控分歧；第四件事是广泛培植人民友谊。

附录一：

常用军事术语的缩写

A	Attacker 攻击机
AA	Anti-Air 防空
AAA	Anti-Air Artillery 高射炮
AAAV	Advanced Amphibious Assault Vehicle 先进两栖突击车
AAM	Air-to-Air Missile 空对空导弹
AAR	Air-to-Air Refueling 空中加油
AAW	Anti-Air Warfare 防空作战
ABL	Air Borne Laser 机载激光器
ABM	Anti-Ballistic Missile 反弹道导弹
ACMS	Air Combat Maneuvering System 空战机动系统
ACV	Armored Combat Vehicle 装甲战车
AFV	Armored Fighting Vehicle 装甲战车
AEW&C	Airborne Early Warning and Control 空中预警与指挥

AEW Airborne Early Warning 空中早期预警

AFB Air Force Base 空军基地

AGM Air-to-Ground Missile 空对地导弹

AGS Armored Gun System 装甲火炮系统

AGS Advance Gun System 先进火炮系统

AIM Air Intercept Missile 拦射空空导弹

ALBM Air-Launched Ballistic Missile 空射弹道导弹

ALCM Air-Launched Cruise Missile 空射巡航导弹

AMRAAM Advanced Medium Range Air-to-Air Missile 先进中程空空导弹

APAR Active Phase-Array Radar 主动相控阵雷达

APC Armored Personnel Carrier 装甲人员输送车

APFSDS-T AP Fin-Stab. Discarding Sabot-Tracer 尾翼稳定脱壳穿甲曳光弹

APS Artillery Pointing System 火炮指示系统

ARM Anti Radiation Missile 反辐射导弹

ASM Air-to-Surface Missile 空对舰导弹

ASRAAM Advanced Short Range Air-to-Air Missile 先进短程空空导弹

ASROC Anti-Submarine Rocket 反潜火箭

ASUW Anti-Surface Warfare 反水面作战

ASW Anti-Submarine Warfare 反潜作战

ATC Air Traffic Control 空中交通管制

ATGM Anti-Tank Guided Missile 反坦克导弹

ATM Advanced Turret Module 先进炮塔模块

AUV Autonomous Underwater Vehicle 自主式水下航行器

AWAC Airborne Warning And Control 空中预警和控制

AWACS Airborne Warning and Control System 空中预警与指挥系统

AWOL Absent WithOut Leave 擅离职守；无故离队

B Bomber 轰炸机

BB Battle Ship 战列舰

BC Battle Cruiser 战列巡洋舰

BDA Battle Damage Assessment 战斗损害评估

BPI Boost Phase Intercept 加速阶段拦截

BRAA Bearing, Range, Altitude and Aspect 目标飞行情况

BVR Beyond Visual Range 超视距

BVRAAM Beyond Visual Range Air-to-Air Missile 超视距空空导弹

C3 Command, Control and Communication 指挥控制通信系统

CAP Combat Air Patrol 战斗空中巡逻

CAS Close Air Support 近距空中支援

CASE Computer Aided Software Engineering 电脑辅助软件工程

CBU Clustered Bomb Unit 集束炸弹

CENTCOM Central Command 中央司令部

CFC Carbon Fiber Composite 碳纤维复合材料

CC Cruiser 巡洋舰

CG Cruiser（Guided-missile） 导弹巡洋舰

CIC Combat Information Center 战斗信息中心

CIC Commander in Chief 最高指挥官

CIWS Close-In Weapon System 近战武器系统

CIWS Close Intercept Weapon System 近程防御系统

CN Chief of Naval Operation 海军作战部长

COMINT Communication Intelligence 通信情报

COMDAC INS Command Display and Control Integrated Navigation System 集成控制导航系统

CR Close Range 近程

C/S Course and Speed 航向与速度

CV Carrier Vessel 常规动力航空母舰

CVN Carrier Vessel（Nuclear-powered） 核动力航母

CVBG Carrier Battle Group 航母战斗群

DASS Defensive Aids Sub-System 防御性辅助子系统

DD Destroyer 驱逐舰

DDG Destroyer（Guided-missile） 导弹驱逐舰

DU Depleted Uranium 贫铀

DVI Direct Voice Input 直接语音输入技术

E Electronic 电子的

ECCM Electronic Counter-Counter Measures 电子反对抗，反电子战

ECM Electronic Counter Measures 电子对抗，电子战

ELINT Electronic Intelligence 电子情报

EMCON Emissions Control 发射控制

EML Electric Magnet Launcher 电磁炮

EMP Electric Magnet Pulse 电磁脉冲

ERAAM Extended Range Air-to-Air Missile 延程空空导弹

ESM Electronic Signal Measures 电子信号警告

ESM Electronic Support Measures 电子支援

ETG Electro Thermal Gun 电热炮

ETCG Electro Thermal Chemical Gun 电热化学炮

EW Early Warning 预警

EW Electronic Warfare 电子战

EWAC Early Warning And Control 预警及控制

F Fighter 战斗机

FAE Fuel Air Explosive 油气炸弹

FEL Free Elctron Laser 自由电子激光器

FF Frigate 护卫舰

FFG Frigate（Guided-missile） 导弹护卫舰

FLIR Forward Looking Infra-Red 前视红外

FLOT Forward Line Of Troops 前线

FMRAAM Future Medium Range Air-to-Air Missile 未来中程空空导弹

FMTV Family of Medium Tactical Vehicles 中型战术车族

GEM Guidance-Enhanced Missile 制导增强导弹

GPS Global Positioning System 全球定位系统

GZ Ground Zero 核爆炸中心地面投影

H Helicopter 直升机

HE High Explosive 高爆炸药

HEAT High-Explosive Anti-Tank 高爆反坦克炸药（成形炸药）

HMD Helmet Mounted Display 头盔显示器

HPM　High Power Microwave　高功率微波

HQ　Headquarters　总部

HUD　Head-Up Display　抬头显示器

HVU　High Value Unit　高价值单位

IADS　Integrated Air Defense System　综合防空系统

ICBM　Intercontinental Ballistic Missile　洲际弹道导弹

IFF　Identification of Friend or Foe　敌我识别

IPE　Individual Protection Ensemble　单兵防护装备

IRBM　Intermediate-Range Ballistic Missile　中程弹道导弹

IRST　Infra-Red Search and Track　红外搜索跟踪

JDAM　Joint Direct Attack Munitions　联合直接攻击弹药

JHMCS　Joint Helmet Mounted Cueing System　联合头盔指引系统

JSF　Joint Strike Fighter　联合打击战斗机

J-STAR　Joint Surveillance and Target Attack Radar system　联合侦察和目标打击系统

JTIDS　Joint Tactical Info Distribution System 联合战术信息分发系统

K　Kerosene　加油机

KIA　Kill in Action　阵亡

LAV　Light Armored Vehicle　轻型装甲车辆

LCA　Light Combat Aircraft　轻型战斗机

LE　Low Earth Orbit　近地轨道

LD　Laser Designator　激光导引

LGB　Laser Guided Bomb　激光制导炸弹

LORCAP Long-Range Combat Air Patrol 长距离战斗空中巡逻

LPT Low Profile Turret 低矮炮塔

LRBM Long-Range Ballistic Missile 远程弹道导弹

LRIP Low Rate Initial Production 低速试产

MBT Main Battle Tank 主战坦克

MC Marine Corps 海军陆战队

MCA Medium Combat Aircraft 中型战斗机

MCM Mine Counter-Measures 扫雷

MFD Multi-Function Display 多功能显示器

MFR Multifunction Radar 多用途雷达

MIL-STD Military Standard 军事标准

MLU Mid-Life Update 中期更新（战机）

MOPP Mission-Oriented Protective Posture 攻击中的防范状态

MOAB Massive Ordnance Air Blast 巨型空中炸弹

MOAB Mother Of All Bombs 炸弹之母

MPRF Medium Pulse Repetition Frequency 中脉冲重复频率

MRLS Multiple Rocket Launching System 多管火箭发射系统

NAVSSI Navigation Sensor System Interface 导航传感器系统界面

NCTR NonCooperative Target Recognition 非己方目标识别

NBC Nuclear Biological and Chemical 核、生物、化学

OICW Objective Individual Combat Weapon 目标单兵战斗武器

OOB Order Of Battle 战斗序列

OPCW Org. for the Prohibition of Chemical Weapons 禁止化学武器组织

OTH　Over the Horizon　超视距

OWS　Overhead Weapon System　遥控炮塔

P　Patrol　巡逻机

PA　Phase Array　相控阵

PAC　Patriot Advanced Capability　改进型爱国者导弹

PGM　Precision-Guided Munitions　精确制导炸弹

PIM　Path of Intended Motion　预定机动路线

PK　Probability of Kill　杀伤率

PLGR　Precision Lightweight GPS Receiver　精确轻型 GPS 接收器

R　Reconnaissance　侦察机

RAT　Rocket Assisted Take-Off　火箭辅助起飞

RCS　Radar Cross Section　雷达截面

RLG　Retractable Landing Gear　回收式起落架

ROE　Rules of Engagement　交战规则

ROV　Remote Operated Vehicle　遥控车辆、飞机

RPG　Rocket Propelled Grenade　火箭助推榴弹

RTB　Return To Base　返回基地

RT　Ready to Take-Off　起飞准备就绪

RWR　Radar Warning Receiver　雷达告警器

SAM　Surface to Air Missile　防空导弹

SAR　Search and Rescue　搜索救援

SAR　Synthetic Aperture Radar　合成孔径雷达

SATCOM　Satellite Communication　卫星通信

SDV　Swimmer Delivery Vehicle　潜水员输送载具

SEAD Suppression of Enemy Air Defense 压制敌方防空任务

SLBM Submarine-Launched Ballistic Missile 潜射弹道导弹

SLGR Small Lightweight GPS Receiver 小型轻便 GPS 接收器

SOP Standard Operation Procedure 标准操作程序

SRBM Short-Range Ballistic Missile 近程弹道导弹

SSBN Ballistic-missile Nuclear-powered Strategic Sub 战略导弹核潜艇

SSL Solid State Lasers 固态激光器

SSM Surface-to-Surface Missile 面对面导弹

SSN Strike Submarine（Nuclear-powered） 攻击型核潜艇

SSNDS SSN Direct Support 直接支援核潜艇

SSPK Single-Shot Probability of Kill 单发杀伤率

START Strategic Arms Reduction Treaty 战略武器削减条约

STK Strike 袭击

STN Satellite Tracking Network 卫星跟踪网

STOL Short Take Off and Landing 短距起降

STOP Simultaneous Time on Top 同时到达

SURTASS SURface Towed Array Sonar System 水面拖曳阵列声纳系统

TASM Tomahawk Anti-Ship Missile 战斧反舰导弹

TEL Transporter/Erector/Launcher 运输 / 起竖 / 发射车

THAAD Theater High Altitude Area Defense 战区高空区域防空

TLAM Tomahawk Land Attack Missile 战斧对地攻击导弹

TMA Target Motion Analysis 目标运动分析

TOW Tube-launched Optic-tracked Wire-guided 光学有线制导

管内发射反坦克导弹（陶式导弹）

TVC　Thrust Vector Converter　矢量推力

UAV　Unmanned Air Vehicle　无人驾驶飞行器

UCAV　Unmanned Combat Air Vehicle　无人驾驶战斗机

UFCP　Up Front Control Panel　（战机座舱）前部控制屏

UUV　Unmanned Underwater Vehicle　无人水下航行器

VL　Verticle Landing　垂直起降

VLS　Vertical Launch System　垂直发射系统

VTOL　Vertical Take Off and Landing　垂直起降

WECDIS　Warship Electronic Chart Display and Information Systems 海图显示和信息系统

WRM　War Reserve Materials　战争物资储备

W/S　Weapon System　武器系统

附录二：

国际与区域组织英文缩略语

阿拉伯共同市场　Arab Common Market（ACM）

阿拉伯国家联盟（阿盟）League of Arab States（Arab League；LAS）

阿拉伯货币基金组织　Arab Monetary Fund（AMF）

阿拉伯经济统一委员会　Council of Arab Economic Unity（CAEU）

阿拉伯联盟教科文组织　Arab League Educational，Cultural and Scientific Organization（ALECSO）

阿拉伯马格里布联盟 Union de Maghreb Arabe（UMA）；Union of the Arab Maghreb

阿拉伯石油输出国组织 Organization of Arab Petroleum Exporting Countries（OAPEC）

安第斯共同市场 Andean Common Market（ANCOM）

安第斯条约组织 Andean Pact Organization（APO）；PactoAndino（PA）

八国集团 Group of Eight（G8）

巴黎俱乐部 Paris Club（Group of Ten）

巴黎统筹委员会（巴统） Coordinating Committee on Export Control（COCOM）；Coordinating Committee for Export to Communist Countries

北大西洋公约组织（北约） North Atlantic Treaty Organization（NATO）

北美自由贸易区 North American Free Trade Area（NAFTA）

北欧邮政联盟 Nordic Postal Union（NPU）

北太平洋海洋科学组织 North Pacific Marine Science Organization（PICES）

不结盟运动 Non-Aligned Movement（NPU）

朝鲜半岛能源开发组织 Korea Peninsula Energy Development Organization（KEDO）

船长协会国际联合会 International Federation of Shipmasters' Association（IFSMA）

大气科学委员会 Commission of Atmospheric Sciences（CAS）

大气污染管制委员会 Air Pollution Control Commission（APCC）

大气污染控制管理局 Air Pollution Control Administration（APCA）

大西洋自由贸易区　Atlantic Free Trade Area（AFTA）

东非共同体　East African Community（EAC）

东加勒比共同市场　East Caribbean Common Market（ECCM）

东盟自由贸易区　ASEAN Free Trade Area（AFTA）

东南非共同市场　Common Market for Eastern and Southern Africa（COMESA）

东南亚国家联盟（东盟）　Association of Southeast Asian Nations（ASEAN）

泛非电信联盟　Pan African Telecommunication Union（PATU）

泛非妇女组织　Pan-African Women's Organization（PAWO）

防止空气污染协会国际联合会　International Union of Air Pollution Prevention Association（IUAPPA）

非洲、加勒比和太平洋地区国家集团（非加太集团）　Group of African，Caribbean and Pacific Region Countries（ACP Group）

非洲统一组织（非统组织）　Organization of African Unity（OAU）

非洲邮政联盟　African Postal Union（APU）

各国议会联盟　Inter-Parliamentary Union（IPU）

国际奥林匹克委员会　International Olympic Committee（IOC）

国际保护工业产权联盟（即巴黎联盟）　International Union for the Protection of Industrial Property（Paris Union）

国际保护工业产权协会　International Association for the Protection of Industrial Property（IAPIP）

国际保护自然资源联盟　International Union for Conservation of Natureand Natural Resources（IUCN）

国际标准化组织　International Standardization Organization（ISO）

国际标准协会 International Standard Association(ISA)

国际材料物理中心 International Center for Materials Physics(ICMP)

国际船东协会 International Shipping Federation(ISP)

国际船级社协会 International Association of Classification Societies (IACS)

国际纯粹与应用化学联合会 International Union of Pure and Applied Chemistry(IUPAC)

国际纯粹与应用生物物理学联合会 International Union of Pure and Applied Biophysics(IUPAB)

国际大坝委员会 International Commission on Large Dam(ICOLD)

国际大学生体育联合会 Federation Internationale du Sport Universitaire(FISU)

国际地球科学信息网络集团 Consortium for International Earth Science Information Network(CIESIN)

国际地球学联盟 International Geographical Union(IGU)

国际地震中心 International Seismological Centre(ISC)

国际地质大会 International Geological Congress(IGC)

国际地质科学联盟 International Union of Geological Sciences (IUGS)

国际冻土协会 International Permafrost Association(IPA)

国际独立油轮船东协会 International Association of Independe Tanker Owners(INTERTANKO)

国际度量衡局 International Bureau of Weight and Measurements (IBWM)

国际儿童福利联合会 International Union for Child Welfare(IUCW)

国际法学家委员会　International Commission of Jurists（ICJ）

国际法学协会　International Association of Legal Science（IALS）

国际纺织学会　International Textile Institute（ITI）

国际辐射防护协会　International Radiation Protection Association（IRPA）

国际妇女同盟　International Alliance of Women（IAW）

国际港口协会　International Association of Ports and Harbors（IAPH）

国际公务员协会联合会　Federation of International Civil Servants Associations（FICSA）

国际公务员制度委员会　International Civil Service Commission（ICSC）

国际古生物协会　International Palaeontological Association（IPA）

国际雇主组织　International Organization of Employers（IOE）

国际广播协会　International Association of Broadcasting（IAB）

国际水道测量组织　International Hydrographic Organization（IHO）

国际海事卫星组织　International Maritime Satellite Organization（INMARSAT）

国际航标协会　International Association of Lighthouse Authorities（IALA）

国际航空科学理事会　International Council of Aeronautical Sciences（ICAS）

国际航空联合会　Aeronautic International Federation（FAI）

国际航空运输协会　International Air Transport Association（IATA）

国际航运会议常设协会　Permanent International Association of Navigation Congresses（PIANC）

国际和平学会 International Peace Academy（IPA）

国际核数据委员会 International Nuclear Data Committee（INDC）

国际红十字会 International Red Cross（IRC）

国际计划生育联合会 International Planned Parenthood Federation（IPPF）

国际建筑师协会 International Union of Architects（IUA）

国际救济联合会 International Relief Union（IRU）

国际军事体育理事会 International Military Sports Council（IMSC）

国际开发委员会 Commission on International Development（CID）

国际科学基金会 International Foundation of Sciences（IFS）

国际科学联盟理事会 International Council of Scientific Unions（ICSU）

国际空间研究委员会 International Committee on Space Research（ICSR）

国际空运协会 International Air Transport Association（IATA）

国际理论物理中心 International Centre for Theoretical Physics（ICTP）

国际律师协会 International Bar Association（IBA）

国际毛纺织组织 International Wool Textile Organization（IWTO）

国际民主妇女联合会 Women's International Democratic Federation（WIDF）

国际难民组织 International Refugee Organization（IRO）

国际能源机构 International Energy Agency（IEA）

国际欧亚科学院 International Academy for Europe and Asia（IAEA）

国际清算银行 Bank for International Settlements（BIS）

国际人口问题科学研究联合会　International Union for the Scientific Study of Population（IUSSP）

国际商会　International Chamber of Commerce（ICC）

国际生物化学与分子生物学联盟　International Union of Biochemistry and Molecular Biology（IUBMB）

国际生物科学联合会　International Union of Biological Sciences（IUBS）

国际圣经协会　International Bible Society（IBS）

国际世界语协会　Universala Esperanto-Asocio；Universal Esperanto Association（UEA）

国际数学联盟　International Mathematical Union（IMU）

国际水资源协会　International Water Resources Association（IWRA）

国际丝绸协会　International Silk Association（ISA）

国际体操联合会　Federation Internationale de Gymnastique（FIG）；International Federation of Gymnastics

国际天文学联合会　International Astronomical Union（IAU）

国际通讯卫星组织　International Telecommunications Satellite Organization（INTELSAT）

国际投资银行　International Investment Bank（IIB）

国际土壤协会　International Society of Soil Science（ISSS）

国际细胞生物学联合会　International Federation for Cell Biology（IFCB）

国际刑法协会　International Association of Penal Law（IAPL）

国际刑警组织　International Criminal Police Organization（INERPOL；ICPO）

国际宣教协会 International Missionary Council（IMC）

国际学生联合会 International Union of Student（IUS）

国际移民组织 International Organization for Migration（IOM）

国际遗传学联合会 International Genetics Federation（IGF）

国际音乐理事会 International Music Council（IMC）

国际应用心理学协会 International Association of Applied Psychology（IAAP）

国际宇航科学院 International Academy of Astronautics（IAA）

国际自动控制联合会 International Federation of Automatic Control（IFAC）

国际自由工会联合会（自由工联） International confederation of Free Trade Union（ICFTU）

国际足球联合会 International Football Federation（FIFA）

海湾（阿拉伯国家）合作委员会 Cooperation Council for the Arab States of the Gulf；Gulf Cooperation Council（GCC）

海洋研究科学委员会 Scientific Committee on Oceanic Research（SCOR）

红十字会与红新月会国际联合会 International Federation of Red Cross and Red Crescent Societies（IFRC）

环境问题科学委员会 Scientific Committee on Problems of the Environment（SCOPE）

环境与发展国际研究中心（环发中心） Centre for International Research of Environment and Development（CIRED）

环太平洋论坛 Pacific Rim Forum（PRF）

基督教会联合会 World Council of Churches（WCC）

基督教女青年会　Young Women’s Christian Association（YWCA）

基督教青年会　Young Men’s Christian Association（YMCA）

加勒比共同体和共同市场　Caribbean community and Common Marke（CARICOM）

经济合作与发展组织（经合组织）Organization for Economic Cooperation and Development（OECD）

拉丁美洲共同市场　Latin America Common Market（LACM）

拉丁美洲经济体系　Latin American Economic System（LAES）

拉丁美洲经济委员会　Economic Commission of Latin America（ECLA）

拉丁美洲能源组织　Latin American Energy Organization（OLAE）

拉丁美洲社会学会　Association of Latin American Sociology（ALAS）

拉丁美洲一体化协会　Latin American Integration Association（LAIA）

拉丁美洲自由贸易区　Latin American Free Trade Area（LAFTA）

联合国协会世界联合会　World Federation of United Nations Associations（WFUNA）

马格理布联盟　Union du Maghreb（UMA）

美洲国际组织　Organization of American States（OAS）

美洲人权委员会　Inter-America Commission on Human Rights（IACHR）

南部非洲发展共同体　Southern African Development Community（SADC）

南部非洲关税同盟　Southern African Customs Union（SACU）

南太平洋论坛　South Pacific Forum（SPF）

南亚区域合作联盟　South Asian Association for Regional

Cooperation（SAARC）

欧洲裁军会议 Conference on Disarmament in Europe（CDE）

欧洲经济合作组织 Organization for European Economic Cooperation（OEEC）

欧洲联盟（欧盟） European Union（EU）

欧洲原子能委员会 European Atomic Commission（EAC）

欧洲原子能学会 European Atomic Energy Society（EAES）

欧洲自由贸易联盟 European Free Trade Association（EFTA）

三边委员会（日美欧委员会） Trilateral Commission of Japan, North America and Europe（TC）

石油输出国组织（欧佩克） Organization of Petroleum Exporting Countries（OPEC）

世界残疾人组织理事会 Council of World Organizations Interested in the Handicapped（CWOIH）

世界佛教徒联谊会 World Fellowship of Buddhists（WFB）

世界工会联合会（世界工联） World Federation of Trade Unions（WFTU）

世界和平理事会 World Peace Council（WPC）

世界基督教联合会 World Council of Churches（WCC）

世界科学工作者联合会 World Federation of Scientific Worker（WFSW）

世界劳工联合会 World Confederation of Labour（WCL）

世界旅游组织 World Tourism Organization（WTO）

世界贸易组织 World Trade Organization（WTO）

世界穆斯林联盟 Muslim World League（MWL）

世界青年大会　World Assembly of Youth（WAY）

世界野生动物基金会　World Wildlife Fund（WWF）

世界宗教和平大会　World Conference on Religion and Peace（WCRP）

太平洋经济合作理事会　Pacific Economic Cooperation Council（PECC）

西方七国首脑会议　Seven-Nation Economic Summit；Group of Seven Summit（G7 Summit）

西非国际经济共同体　Economic Community of West African States（ECOWAS）

西欧联盟　Western European Union（WEU）

亚非人民团结组织　Afro-Asian People's Solidarity Organization（AAPSO）

亚非新闻工作者协会　Afro-Asian Journalists' Association（AAJA）

亚欧合作理事会　Council for Asia-Europe Cooperation（CAEC）

亚太安全合作理事会　Council on Security Cooperation in Asia and Pacific Region（CSCAP）

亚太经合组织　Asia-Pacific Economic Cooperation（APEC）

亚太空间技术应用多边合作会议　Asia-Pacific Conference on Multilateral Cooperation in Space Technology and Applications（APC-MCSTA conference）

亚太大洋洲邮政联盟　Asian-Oceanic Postal Union（AOPU；UPAO）

亚洲化学学会联合会　Federation of Asian Chemical Societies（FACS）

亚洲环境问题协会　Asian Environmental Society（AES）

亚洲基督教会议　Christian Conference of Asia（CCA）

亚洲及太平洋理事会　Asian and Pacific Council（ASPAC）

亚洲开发银行　Asian Development Bank（ADB）

亚洲青年理事会　Asian Youth Council（AYC）

亚洲太平洋广播联盟　Asian-Pacific Broadcasting Union（ABU）

亚洲—太平洋通讯社组织　Organization of Asia-Pacific News Agencies（OANA）

亚洲遥感协会　Asian Association on Remote Sensing（AARS）

伊斯兰会议组织　Organization of the Islamic Conference（OIC）

中非国家经济共同体　Economic Community of Central African States（CEEAC）

中非国家联盟　Union of Central African States（UEAC）

亚洲太平洋广播联盟　Asian-Pacific Broadcasting Union（ABU）

亚洲—太平洋通讯社组织　Organization of Asia-Pacific News Agencies（OANA）

亚洲遥感协会　Asian Association on Remote Sensing（AARS）

伊斯兰会议组织　Organization of the Islamic Conference（OIC）

中非国家经济共同体　Economic Community of Central African States（CEEAC）

中非国家联盟　Union of Central African States（UEAC）

第五章

情报编写能力训练

情报是供高层首长和相关部门了解掌握情况和作出决策使用的，情报编写与一般文章编写的区别，突出表现在严肃性和准确性。情报编写人员责任重大，对待此项工作不能有丝毫的马虎和错漏，否则会给国家利益和人民生命财产安全带来巨大损害。初学者必须通过反复研究案例，掌握情报编写的特点、规律和方法，不断提高各类情报产品的编写能力。

第一节　原文通报的编写

原文通报的编写事实上涉及情报生产的翻译和整编两个工作环节。通报之前，所获取的原始情报首先要完整地翻译成汉语，情报文本翻译比文学翻译及其他实用翻译用语严肃，也有特殊的技术要求，这一点要格外注意。原文通报的编写主要针对那些特别重要的情报、简明扼要的情报、需要保留原始面貌的情报以及内容不清楚的情报。当然，它不是简单地、机械地照抄原报，需要进行适当的加工。原文通报的基本要求是忠实、通顺、及时。

例文：

特朗普就边境墙发表全国电视讲话

美国有线电视新闻网（CNN）消息，当地时间1月8日晚9时，美国总统特朗普在白宫椭圆形办公室发表全国电视讲话。他再次呼吁国会为建设边境墙拨款，但没有宣布国家进入紧急状态。

以下是特朗普讲话全文编译：

我的美国同胞们，今晚，我在这里对你们诉说，是因为在我们的南部边境，人道主义和国家安全危机正在加剧。海关和边境巡逻人员每天都会遇到数千名试图进入我们国家的非法移民。我们没有足够的空间容纳他们，我们也无法立即把他们送回自己的国家。美国自豪地欢迎数百万的合法移民，他们丰富了我们的社会并为我们的国家做出了贡献。然而，所有美国人都在遭受不受控制的非法移民的伤害——他们消耗着公共资源，侵占着工作机会，拉低了工资水平。非裔美国人和拉丁裔美国人是最大的受害者。南部边境是非法毒品的主要输送通道，例如冰毒、海洛因、可卡因和芬太尼。每周，仅海洛因一种毒品，就可以杀死300个美国人，而90%的海洛因就来自于南部边境。今年将有更多的美国人死于毒品，死亡人数将多于整个越南战争。

在过去的两年里，（美国）移民和海关执法局逮捕了 26.6 万名有犯罪记录的外国人，其中包括被指控或被宣判的 10 万名涉嫌暴力袭击的罪犯、3 万名性侵嫌犯和 4000 名暴力杀人犯。这些年，有数千名美国人被非法入境者残忍杀害，如果我们现在不采取行动，将再失去数千条生命。这是一场人道主义危机，一场心灵危机和一场灵魂危机。

上个月，有 2 万名儿童移民被非法带到美国，这一数字还在急剧增加。这些孩子被凶恶的土匪和残忍的帮派分子当作棋子。三分之一的妇女在穿越墨西哥的危险跋涉中被性侵。妇女和儿童成为了我们政府缺陷最大的受害者，这是我国南部边境非法移民的悲惨现实。我决心终结这样的人间悲剧轮回。

我的政府向国会提出了一项详细提案，以确保边境安全，制止团伙犯罪、毒品走私和贩卖人口，而这是一个极大的问题。我们的提案是依据国土安全部执法人员和边防人员的建议制定的，目的是为了更好地完成任务，并保证美国的安全。事实上，美国现在比以前任何时候都要更安全。国土安全局的提案要求（我们）提供用于毒品、武器、非法违禁品等方面侦查的尖端技术。我们经济的强大助长了非法移民的急剧增加，我们需要更多的执行者、移民法官和公职人员。我们的计划中还包括，提供紧急人道主义援助和医疗援助。此外，我们已要求国会弥补边境安全的缺陷。这样一来，就可以让非法移民儿童安全且人道地返回自己的国家。最后，作为解决边境安全问题方案的一部分，专业执法人员要求提供价值 57 亿美元的物理屏障（即边境墙）。应民主党人的要求，这会是一堵钢铁打造的围墙，而不是混凝土制造。

这堵墙对边境安全来说绝对关键，这也是我们研究边境安全的专业人士们所需要的。这就是共识。边境墙的钱必须尽快支付。每年我们要为非法毒品走私付出5000亿美元，远远超过了我们向国会要求的57亿美元。我们与墨西哥达成的伟大贸易协定将为这堵墙买单。今晚晚些时候也要讲话的查克·舒默参议员，过去和其他民主党人一起，一直都支持建一个物理上的屏障，直到我当选总统后他们才改变主意，国会中的民主党人拒绝承认这次的危机。他们拒绝向勇敢的边境巡逻人员提供他们迫切需要的工具（墙），来保护我们的家庭和我们的国家。联邦政府一直因为，也只因为一个原因还关着门，那就是：民主党不同意为边境安全出资。我的政府正在竭尽全力帮助那些受到（政府停摆）影响的人。但唯一的解决办法是民主党通过保护我们边境的预算法案，重新让政府开门。这种情况可以在45分钟的会谈中解决，我已经邀请国会领袖明天到白宫来完成这项工作。希望我们能够超越党派，一起维护国家安全。

一些人认为建一堵墙是不道德的。但是，为什么那些有钱的政客要在自己家外面建上围墙、栅栏和大门呢？他们不是因为恨外面的人才这样做，而是因为爱里面的人。唯一不道德的事情，是那些政客们什么都不做，继续让更多无辜的人遭受如此可怕的伤害。圣诞节才过了一天，加州的一名年轻警官就被一名非法移民残忍杀害，美国人的心都碎了。一个美国英雄的生命被一个无权在我国滞留的人夺走了。

日复一日，（美国人）宝贵的生命被侵犯我们国界的人残害。在加利福尼亚，一名空军的老兵，被一个有着长期犯罪历史的外国人强奸、谋杀，用一把锤子活活敲死；在佐治亚州，一名非法移民刚刚因为谋杀、斩首和肢解邻居而被指控；在马里兰州，以孤儿身份抵达美国的MS-13帮派成员去年在残忍地刺伤并殴打一名16岁女孩后被捕并被指控。在过去的几年里，我接触了几十个家庭，他们至亲的生命都被非法移民“偷”走。悲伤的母亲，我握住她们的双手，悲伤的父亲，我给予拥抱。这太让人悲伤，太可怕了。我永远不会忘记他们眼中传递的痛苦，声音中发出的颤抖，灵魂中透露出的悲伤。在国会完成自己的使命之前，还要多少美国人流血？

对那些拒绝为了边境安全而妥协的人，我想问，试想一下，如果人生被残酷粉碎并彻底摧毁的是你的孩子、你的丈夫或者你的妻子呢？请每一位国会议员，让这个可以结束危机的法案通过。请每一位公民，打电话给国会，告诉他们，几十年已经过去，是时候最终作出决定，来维护我们边境的安全了。这是在对与错、正义与不义之间的选择。这关乎到，我们是否履行了服务美国公民的神圣职责。当我宣誓就职时，曾发誓要保卫我们的国家，我也将永远致力于此。所以愿上帝保佑我。谢谢大家，晚安。[①]

一、文体意识分析

这篇原文通报采用“标题＋导语＋原文”的形式。标题内容清晰明确，“一语破的”，突出报文的核心内容，使读者一目了然。情报要素齐全，导语编写精炼，反映了特朗普讲话的要点和轮廓，使读者对新闻事实有一个宏观的把握。讲话原文翻译准确生动、严谨朴实。三者

① 环球网：《特朗普首次白宫办公室讲话全文：如果人生被摧毁的是你的亲人》，http：//world.huanqiu.com/exclusive/2019-01/14017825.html，2019年1月9日。

都比较合乎原文通报的编写要求。

二、文体写作规范分析

（一）保留材料原貌

做原文通报时一定要尊重情报原始文本。不可随意删减原文内容，不要调整段落，不要扭曲原文的所指。不能将几份情报掐头去尾拼凑成一份报文来冒充原文通报。

（二）文句的加工和处理

原始报文常常有一些语法不通、表达不畅或令人费解的地方，特别是针对由外文直接翻译成中文的情报报文，需要在查证的基础上对文句进行整合顺通。在原文通报的文句里，有时会出现不清楚的或新的事物，应查找相关的资料以按注的形式加以说明或判断。

（三）添加报文导语

原文通报的开头应力求简明，以便迅速引出正文。情报原文不清楚，影响用户阅读，要在开头交代背景。情报原文较长，如果报文内容比较复杂，就用简短文句指出其重点。如果报文内容比较单一，就用简短文句概括之。以上三种做法统称为添加导语。

（四）拟写小标题

如果是报文较长或涉及事项较多，条理又不清晰的原文通报，为了便于阅读，可在报文中间添加若干小标题，但要在报文开头或末尾注明是编者所添加，以免造成用户的误读。

（五）酌加内容提要

对报文较长、反映内容较多的情报，如果简短文句不能概括情报原文的主要内容，通常应编写内容提要，置于标题与正文之间且独立成段。通常要求拟写的内容提要必须准确、简洁，可以使用户不用阅读原文通报全文即可了解其主要内容，而在阅读全文后能迅速抓住要点，加深对全文的理解。这对情报编写者的语言表达能力提出了比较大的挑战。例如针对如下这篇通报，我们可以加写这样的内容提要：

印度外交向伊斯兰世界推进 ①

【内容提要】

瓦杰帕伊政府努力撇开巴基斯坦这个因素，着力改善与伊斯兰国家的关系。由于印度和伊朗具有战略和地缘政治上的共同利益，也有发展经贸关系的需要，因而伊朗成为印度发展与伊斯兰世界关系的首选。作为1993年以来第一次访问伊朗的印度总理，瓦杰帕伊收获颇丰，两国不仅签署了3份谅解备忘录和两份议定书，而且还就印伊两国确立友好合作的战略伙伴关系发表了《德黑兰声明》，此次访问成为印度对伊斯兰国家外交政策的转折点。

【正文】

经过4天对伊朗的正式访问，印度总理瓦杰帕伊今天回到了新德里。由于与伊斯兰邻国巴基斯坦的长期冲突和纷争，印度多年来一直遭到伊斯兰世界的排斥和冷落。久而久之，印度也将这些伊斯

① 摘自李耐国：《军事情报研究》，军事科学出版社2001年版，第233—235页。

兰国家看作亲巴基斯坦而予以回避。多少年来，在印度的外交格局中，与伊斯兰世界、特别是与周边伊斯兰国家的关系，始终是一块难解的疙瘩。

冷战结束之后，印度周边地区、特别是中亚地区出现了新的外交格局。为了中亚地区的稳定和国内经济改革的需要，90年代初，印度开始认识到它必须改善与伊斯兰世界的关系。从9年前的拉奥政府开始，印度外交的方向就开始亲近伊斯兰国家。近3年来，瓦杰帕伊政府更是着力改善与伊斯兰国家的关系。特别是今年以来，印度外交开始向伊斯兰世界发动全面攻势。几乎是西起北非的马格里布，东至印度尼西亚的和马来西亚，印度对伊斯兰国家的外交活动从来没有像今天这样频繁。

多年的经验和教训使印度懂得，要搞好同伊斯兰国家的关系，首先必须撇开巴基斯坦这个因素。以巴基斯坦划线曾使印度对伊斯兰国家的外交走进了死胡同，而今日，印度外交中的实用主义已经代替了过去的意识形态，同伊斯兰国家的友好可以超越巴基斯坦这个因素。另外，搞好同伊斯兰国家的关系必须要从有影响的重要伊斯兰国家入手。近年来，如沙特阿拉伯、伊朗和土耳其这些过去最亲近巴基斯坦的国家开始一一进入印度外交的视野。而在这些国家中，最有影响和最有可能得手的国家莫过于远在天边近在眼前的伊朗。

伊朗之乐于成为印度的战略伙伴，既有其战略利益和地缘政治的考虑，也有其眼前的经济和贸易的需要。冷战结束后，美国从海湾地区对伊朗进行长期的钳制和封锁。为了生存和发展，伊朗必须开放它的东部，稳定它与中亚诸国和印度的关系。恰恰在稳定中亚这个问题上，印度与伊朗的目的和需要不谋而合。特别是近年来阿富汗塔利班的活动，使印度和伊朗同时感到了对他们边境的威胁。伊朗担心塔利班在边境的毒品贸易和对什叶派穆斯林的迫害扰乱了中亚的稳定，印度则担心塔利班在巴基斯坦的支持下搞“越境恐怖主义”。

经济上的原因也使印伊两国越走越近。美国对伊朗的孤立和封锁，使印度成了向伊朗出口廉价工业技术产品的主要国家。印度的产品不仅可以大量的进入伊朗，而且可以通过伊朗，长驱直入中亚诸国。更为重要的是，能源大国伊朗看准了印度这个正在崛起的能源消费和进口大国。多年来，印伊两国一直为建立一条从伊朗到印度的天然气管道而努力。但是出于安全上的考虑，印度拒绝了伊朗提出的建设一条经过巴基斯坦到印度的陆路输气管的建议。由此可见，印伊关系中的巴基斯坦因素仍然是挥之不去的阴影，伊朗不大可能为了讨好印度而完全割舍它与巴基斯坦传统的睦邻友好关系，印度要完全超越巴基斯坦而与伊斯兰世界密切交往也并非易事。

尽管如此，瓦杰帕伊这次对伊朗的访问是成功的。它不仅改善和加强了两国已有的友好关系，而且巩固了伊朗作为印度外交向伊斯兰世界推进的立足点的地位，为印度雄心勃勃的大国外交奠定了较好的基础。

（人民网 2001 年 4 月 15 日）

第二节　改写通报的编写

改写通报适用于情报生产的整编环节，主要是针对原始情报含有较多冗余成分、叙述杂乱以及行文方式需要转换等情况。它要求用最简洁的文字传达最丰富的信息。改写通报是情报编写中最常见的一种形式，对编写者各方面能力要求较高，应该成为初学者模拟训练的重点。

例文：

【日本《日经亚洲评论》杂志网站7月15日文章】题：印度试图与中国“脱钩”的错误行动只会伤害消费者

印度深知自己依赖中国的投资、产品及移动应用软件，导致其他领域也易受攻击，因此决定必须与中国经济“脱钩”，并努力发展本国工业。对中国投资实施新的限制，并封杀59种中国移动应用软件，印度还正在考虑对多达300种中国产品加征进口关税。

由于担心与中国爆发全面军事对抗，选民赞同印度提高自力更生能力的主张。他们不明白的是，新德里的强硬回应不仅伤害不到中国，反而最终可能增加本国工业成本，损害印度消费者利益。

中国从印度的进口主要是原材料，比如棉花或铁矿石，可从多个渠道购买。但是，印度从中国进口的产品，比如电子产品、太阳能电池板、活性药物成分、电池和电动车零件，在速度、规模和价格方面没有可与中国相比的替代性供应商。

中国的活性药物成分对印度蒸蒸日上的普通药物工业起着重要作用，同时中国的廉价太阳能电池板提高了可再生能源的使用量，帮助印度达到了气候变化要求目标。

新德里也在考虑禁止华为和中兴参与印度5G网络。但是，印度需要中国的电子产品，用以支持数字经济，这是印度少有的几个创造高薪就业岗位的行业之一。

剥夺印度制造商购买较便宜的中国供应和材料，这将伤害包括零售、房地产、酒店餐饮和旅游业在内的行业，增加投入成本。这反过来又会提高产品与服务的价格，伤害支持“抵制中国”运动最积极的同一批印度消费者。

另一个报复措施就是禁止中国公司投标印度公路承建项目，甚至禁止它们与印度合作伙伴组建合资企业，这将提高修建公路的成本，惩罚纳税人。

限制中国投资——风险资本的主要来源——将重创印度科技创业公司，印度本国银行因各种原因而不愿投资这类公司。甚至容易实现的目标也要付出代价，比如封杀中国应用软件可能导致失业和投资减少。

这并不意味着新德里不能减轻对中国的依赖，但实现这个目标需要艰难的内部改革，比如减轻小企业的合规负担。

（《参考消息》2020 年 7 月 17 日）

改写后形成通报如下：

印度与中国“脱钩”只会伤害自身利益

日本《日经亚洲评论》杂志网站 7 月 15 日刊文分析中印关系，认为印度试图与中国“脱钩”的行为将最终影响自身发展和民众利益。文章称，中印两国 6 月发生边境冲突事件后，印度对华采取强硬立场，决定与中国经济“脱钩”，努力发展本国产业，相关措施包括抵制中国商品、禁用中国软件、提高中国商品关税、禁止中国科技公司参与印度 5G 网络建设、拒绝中国投资等。但上述措施并不能真正减少印度对中国的依赖，反而会增加印度国内生产生活成本，导致部分民众失业，减少外部投资，影响工业、科技、零售、房地产、酒店餐饮和旅游等行业发展，并最终损害印度国家和民众利益。原因在于，印度目前从中国引进的商品、资金、技术等具有不可替代性，直接关系到印度国内诸多产业的生存发展。印度只有真正实现自身改革，减轻国内企业的负担，才有可能降低对中国的依赖程度。

一、文体意识分析

这篇改写通报采用了倒金字塔式结构，这也是改写通报最经典的结构形式。导语部分反映了事件的要点和轮廓，使读者对于该则通报传递的主要信息一目了然。通报主干部分交代明了导语中未涉及的事实内容及背景材料，使读者对事件的来龙去脉有更深的理解。最后采用自然结尾的方式，情报诸要素交代完毕，“水到渠成”，立即收笔。此文信息传达准确，逻辑结构清晰，语言规范，文字简约，体现了改写通报处理的基本样貌。

二、文体写作规范分析

（一）恰当选取材料

在理解、掌握原文内容的基础上，围绕通报意图和针对用户需要选取材料。重点是选取新颖的、重要的材料，不要遗漏有用的材料。如果现有材料比较单薄，还要视情况补充已掌握的相关知识和素材，以丰富原文内容，提高其价值。

（二）合理安排结构

改写通报的结构安排通常有两种情况：一是遵循原文结构。如果原文的结构达到通报的目的和突出主要内容的要求，就沿用原文的结构，压缩或删除多余叙述成分即可。二是重新安排结构。如果原文内容比较繁杂，或由多份报文合成一份通报，编者就需要对结构做出重新安排，以符合自己的表达需要。总之，改写通报结构应做到层次分明，条理清楚，重点突出，逻辑严密，首尾照应。

（三）辩证处理素材

在改写通报编写过程中，编者对待情报素材应该坚持辩证的观点和方法。一方面，在尊重原文意义的前提下进行的语篇、语句形式和结构方面的加工，不能断章取义，不能任意发挥，更不能过度阐释。另一方面，保持原意并非拘泥于原文，要能够“入乎其内，出乎其外”，灵活驾驭原文材料，把握原文的主旨或用户需要的核心信息。

（四）采用编者口吻

从叙事学的角度来说，改写通报与新闻写作中通讯报道有诸多相似之处。它要求站在正确的立场上，用编者的口吻，采用第三人称全知视角描述事件的情况和经过。原文素材中对我方态度不友好或与我方立场相悖的字眼和语句，应该加以改写，绝对不能沿用或套用。

第三节 综合通报的编写

综合通报的编写主要适用于情报整编的末端环节和最高层次，但也不局限于此。事实上在情报翻译环节，对于那些内容繁杂、冗长，情报要素关键点不集中、不多的情报素材，要做概译、摘译处理，此时就需要综合通报编写的能力；而在情报整编环节，不仅对于那些不大重要的、时效不急的情报可以经过研究，整理成综合通报，对于那些重要的、时效紧急的情报在单份通报之后也可以继续进行加工，整理成综合通报。综合通报的基本要求是：内容要适合用户的情报需求，主题要明确，取材要恰当，结构要严谨，表达要确切，文字要精炼。

例文一：

【俄罗斯卫星通讯社布鲁塞尔8月19日电】北约将于9月7日至18日在近十年里最大规模军演“三叉戟接点2015”（Trident Juncture 2015）准备工作的框架下举行名为“希斯特里亚15”（HISTRIA 15）的演习，“三叉戟接点2015”军演将于10月至11月在西班牙、意大利、葡萄牙以及地中海和大西洋进行。

目前并没有消息，哪些军队和武器将参加“希斯特里亚15”演习。

包括北约成员国及澳大利亚、奥地利、波斯尼亚和黑塞哥维那、芬兰、马其顿、瑞典、乌克兰7个伙伴国家在内，共30个国家的3.6万名官兵将参加“三叉戟接点”军演。演习旨在展示北约高度战备部队的能力。

【法新社10月2日报道】北约盟军联合部队司令部在其网站上说，“三叉戟接点”演习将从3日一直持续至11月6日，涉及的人员来自30多个国家。

报道称，演习还将涉及加拿大、挪威、德国、比利时和荷兰等国，还要在大西洋和地中海展开行动。

该司令部说：“‘三叉戟接点’演习将展示北约在联合现代战争中更大的抱负，展现一支有能力的、前突的盟军，配备了相应的军事能力和实力，足以满足当前和未来的安全挑战。”

报道称，在俄罗斯去年吞并克里米亚并且在乌克兰东部支持亲俄反政府武装后，这个已经计划了很长时间的演习又新添了一层意义。

作为回应，北约在新近加入的所有东欧成员国（如波罗的海国家和波兰）轮换了部队，因为这些国家担心俄罗斯想恢复其对冷战时期卫星国的影响力。

报道称，面对一系列发展变化了的威胁，例如乌克兰危机以及中东和北非的冲突与动荡，以美国为首、包括28个成员国的北约也加强了其战备水平。

去年9月，北约领导人同意成立一支新的快速反应部队，从而可在几天内投入地面部队。

司令部还表示，“三叉戟接点”演习将让北约证明，司令部人员已经做好了领导这支快速反应部队的准备。

北约官员强调，包括“三叉戟接点”演习在内的各种演习都不针对任何国家。

报道称，俄罗斯自己也举行了一系列大型军事演习，理由是其对西部边界和南部的安全顾虑更多了。

【新华网马德里10月24日电】作为北约“三叉戟接点2015”联合军事演习的一部分，荷兰海军23日在西班牙南部加的斯附近举行登陆作战演习。

当天参与演习的官兵主要由荷兰海军组成。参演部队演练了多功能运输舰部署部队抢滩登陆，并连续运输人员和舰载车辆登陆作战等项目。

据荷兰海军司令罗伯特·克莱默介绍，荷兰海军共投入1050名官兵参与本次演习。演习模拟的是当北约某一成员国安全受到威胁时，其盟友通过海上向其提供援助的情形。

北大西洋公约组织于10月3日起举行“三叉戟接点2015”联合军事演习。这次演习将持续至11月6日，在意大利、葡萄牙和西班牙等地联合举行，有来自30多个北约盟国及伙伴国的约3.6万人参加，将出动60多艘舰船和140余架飞机，是北约自2002年以来规模最大的一次联合军演。

【新华网里斯本11月5日电】北约5日在葡萄牙首都里斯本以南的特罗亚举行军事演习。

葡萄牙是此次北约“三叉戟接点2015”联合军事演习的最后一站。当天，北约部队在里斯本以南130多公里的特罗亚就港口保护、海滩登陆进攻等进行演习。北约秘书长斯托尔滕贝格、葡总统席尔瓦、葡国防部长布兰科观看了演习。

斯托尔滕贝格在演习结束后的联合新闻发布会上说，过去数周，北约军队通过演习提高了共同应对危机等方面的能力。

“三叉戟接点2015”联合军事演习10月3日开始在意大利、西班牙和葡萄牙进行，将于11月6日结束。这是北约自2002年以来规模最大的一次联合军演，来自30多个北约盟国及伙伴国的约3.6万人以及140多架飞机和60多艘舰船参加演习。

【新华网布鲁塞尔7月15日电】北大西洋公约组织15日宣布将于今年10月至11月在欧洲举行十余年来最大规模的“三叉戟接点2015”联合军事演习。

北约发言人瓦娜·伦杰斯库在媒体吹风会上介绍说，“三叉戟接点2015”将是北约自2002年以来规模最大的一次联合军演，来自30多个北约盟国及伙伴国的约3.6万人将在意大利、葡萄牙和西班牙等地参加演习，还将出动60多艘舰船和140余架飞机。

演习分为两个阶段，前期是10月3日至10月16日的指挥所演习，旨在对战略和作战人员进行训练和评估；实战部分的现场军事演习从10月21日开始，持续至11月6日。

此次军演的指挥官、北约布林瑟姆司令部司令德姆罗泽表示：“演习的目的是为了对一支由包括陆、海、空和特种部队组成的高度战备和技术先进的多国部队——北约快速反应部队进行训练和测试。”他说：“提升快速反应能力是北约应对新安全挑战的重要举措。”

北约表示，这场军演将展示北约不断发展以适应现代战争的需要，并显示出北约能够应对当前和未来安全挑战的领先军事实力。

【环球网2015年11月6日报道】4日，北约在西班牙萨拉戈萨举行了一场排布复杂的实战军演，并对上百名来自世界各地的记者开放参观。这是北约十年来最大军演“三叉戟接点2015”的一部分。北约秘书长斯托尔滕贝格对《环球时报》记者说：“北约是世界上最大的军事同盟，如今，它的地位正在发生变化。我们不得不采取措施来应对新形势，‘三叉戟接点’军演便是我们所进行的改变和革新中的一步。”

《环球时报》记者4日在萨拉戈萨近距离观看了此次演习，来自美国、西班牙、德国等12个北约盟国的部队参与了这项包括人质救援、清除雷区、步兵攻击等任务在内的一连串演习。多国坦克兵分六路从南北两个方向向目的地夹击，包括现役美国陆军主力武装直升机阿帕奇、运输直升机“黑鹰”等在内多种型号的直升机加入演习，并完成空中打击以及近距离空中支援等操作。

当天，8架战机从美国直飞至军演基地，500多名伞兵进行了跳伞表演。演习在B–52轰炸机从头顶疾驰而过的呼啸声中结束。现场有工作人员提醒记者及时进行拍摄。

据悉，“三叉戟接点2015”军演从10月开始，为期5周，主要在意大利、西班牙和葡萄牙三国举行。共有来自30多个北约盟国及伙伴国的约3.6万人参与演习，出动60多艘舰船和140余架飞机。

北约对外公布了这次军演的方案和参演军备，请来包括俄罗斯在内的多国代表观看，并邀请多国记者前往报道。4日在现场报道的记者中以西方媒体为主。早在今年7月有关军演的消息公布后，不少媒体就分析称，此次军演是一场主要针对俄罗斯的“肌肉秀”。演习中，北约并不掩饰其意图。

4日的军演模拟的是北约接受联合国安理会的指派，军事援助某一被周边国家军事威胁的小国，而前者已入侵了另一邻国。北约表示，这一暗示是广义的、全球性的，可以指海上安全、能源安全、恐怖主义以及网络袭击等各个方面。

美军欧洲区总指挥官本·霍奇在接受《环球时报》记者采访时表示，“我们希望通过这次军演展现的军事实力，证明北约有能力应对一切危机，并告诉对方，任何针对北约成员国的军事行动都是不明智的选择，以此来防止战争的发生。”斯托尔滕贝格说，“军演的主要目标是训练，我们同时也想传递一个明确的信息：北约并不主动寻求冲突和对抗，但是北约已做好准备，来保护整个联盟不受任何威胁。”

本次军演的指挥官、北约布林瑟姆司令部司令汉斯·德姆罗泽表示，“5年前，北约在里斯本举行峰会时，欧洲没有战争，普京是北约的朋友和战略伙伴，‘伊斯兰国’还默默无名。可5年后的今天，世界安全形势发生重大变化。”“在某种程度上，我们要感谢普京。”德姆罗泽开玩笑地说，“正是由于俄罗斯在多国的军事干预，才又重新体现了北约的重要性，让北约再次站到舞台中心。”

在北约国家中，关于俄罗斯威胁的讨论不绝于耳。10月底，《环球时报》记者在马德里参加主题为“北约及新危机圈”的研讨会，来自俄罗斯的专栏作家向西班牙、葡萄牙、意大利代表的演讲提出“挑战”。这名专栏作家表示，“听见台上不断直接或间接地提到俄罗斯，作为俄罗斯人，我感到北约对俄罗斯的指责和敌意实在是没有道理。俄罗斯早已不是原来的苏联，现在的俄罗斯十分开放，但北约和西方从未试图去了解我们的进步与变化，而是直接将俄罗斯放在对立面。”会上，西班牙埃尔卡诺皇家研究院副院长埃斯特雷亚也承认，事实上，北约起到了一定的安全震慑作用，但是要成为其所设想的全球安全的维护者还有一段距离。

【英国广播公司（BBC）11月5日报道】北约正在西班牙、意大利和葡萄牙举办“三叉戟接点2015”联合军演，北约秘书长斯托尔滕贝格4日表示，这次10年来最大规模的军事演习旨在表明这个军事联盟捍卫所有盟国的决心。

北约秘书长斯托尔滕贝格在记者会上表示，北约这次演习的目的是训练和演练，同时也是“向盟国和任何潜在敌人发出一个非常明确的信息”。他说，“北约不寻求对抗，但我们随时准备捍卫所有盟友。”

据报道，斯托尔滕贝格和西班牙国防大臣莫雷内斯及高级军事指挥官4日观看了在圣格雷戈里奥训练区的演习。来自12个北约盟国的部队在那里演示解救人质、清除雷区和步兵攻击，以及攻击直升机的近距离空中支援。

“三叉戟接点2015”联合军演从10月21日开始，地域西起大西洋，贯穿西班牙、葡萄牙、意大利3国领海，一直向东延伸至地中海，28个北约成员国及8个伙伴国的36000名官兵、160余架战机和60艘舰艇参与其中。

报道称，这次演习的首要目标是检验新组建的“快速反应部队”，美国以及其他盟国是否能够对一场危机做出联合快速反应。为确保这支“快反部队”有效运转，北约已于今年9月启用了位于中东欧6国的6处指挥控制中心。

【联合早报布鲁塞尔综合电】北大西洋公约组织8日召开成员国防长会议，决定在中东欧采取进一步加强集体防御的举措，以应对乌克兰危机形势下的安全挑战，并对俄罗斯在叙利亚的军事行动表示关注。

北约防长会议决定在匈牙利和斯洛伐克新建两个地区指挥控制中心，为北约军队派遣到中东欧地区参加军演或展开作战行动提供协助。

北约秘书长斯托尔滕贝格说：“我们正在落实二战以来最大规模的军事支援，以强化我们的综合防卫实力。这些是向北约成员国民众发出清楚的信息——北约会保护你，北约在这里，北约随时做好准备。”

斯托尔滕贝格表示，北约至今已经大力加强了在中东欧地区的军事部署，这些中心将为北约军队派遣到该地区参加军演或展开作战行动提供协助。

之前，北约今年9月已经开始启用设在爱沙尼亚、拉脱维亚、立陶宛、保加利亚、波兰和罗马尼亚的六个指挥控制中心。《纽约时报》引述北约官员的话说，这些指挥控制中心部署了约80名军事人员，所在国和北约的人数各占一半。指挥控制中心并非军事基地，主要为北约军事力量的快速反应提供支持。

在俄罗斯吞并克里米亚及爆发乌克兰危机后，北约已计划在波罗的海国家建立快速反应部队，并存放大量军事配备包括1200辆装甲车及250辆坦克等，以在危急时迅速出动。

周四的北约防长会议针对叙利亚局势及俄罗斯的干预行动商讨对策。俄罗斯近期的密集空袭行动、其战舰在里海发射巡航导弹打击叙利亚境内“伊斯兰国”分子，以及俄军战斗机几次侵犯北约成员国土耳其的领空，已经引起北约的极大关注。虽然俄方称空袭是为了消灭叙利亚的“伊国”分子，但北约和美国都认为，俄罗斯此举是要借机会，帮忙阿萨德总统铲除叛军，稳定阿萨德的地位。

为了不使局势导致恶化，北约官员采取谨慎应对的策略，有步骤地加强防卫。除了在东欧和中欧部署小规模的后勤支援人员之外，英国宣布将向波罗的海国家、波兰和乌克兰派出多达150人的英军部队，以支援当地的军事训练。此外，也会增派25名步兵及医疗人员到乌克兰。

英国国防部长法伦说，这项部署是为了支援北约东部的盟国，以应对俄罗斯的侵犯及挑衅。德国也罕见地以强烈措辞抨击俄罗斯。德国防长冯德莱恩说：“俄罗斯攻击的是那些对付‘伊国’组织的部队，这么做等于是在助长‘伊国’组织势力坐大。”

【人民日报2015年7月17日报道】北约提升快反能力剑指何方？

北大西洋公约组织7月15日宣布将于10月至11月在欧洲举行十余年来最大规模的“三叉戟接点2015”联合军事演习。北约发言人瓦娜·伦杰斯库介绍说，“三叉戟接点2015”将是北约自2002年以来规模最大的一次联合军演。这场军演将展示北约不断发展以适应现代战争的需要，并显示出北约能够应对当前和未来安全挑战的领先军事实力。

优化作战水平和协调能力

来自30多个北约盟国及伙伴国的约3.6万人将在意大利、葡萄牙和西班牙等地参加军演。此外，还将出动60多艘舰船和140余架飞机。军演分为两个阶段，前期是10月3日至10月16日的指挥所演习，旨在对战略和作战人员进行训练和评估；实战部分的现场军事演习从10月21日开始，持续至11月6日。北约希望通过这种“演习即实战”的方式，展示北约面对日益高科技的威胁时，仍能灵活应对。

此次军演指挥官、北约布林瑟姆司令部司令德姆罗泽表示：“演习的目的是为了对一支由包括陆、海、空和特种部队组成的高度战备和技术先进的多国部队——北约快速反应部队进行训练和测试。”他说：“提升快速反应能力是北约应对新安全挑战的重要举措。”

北约表示，这场演习是一场全方位的演练，为各成员国提供了难得的机会来优化自身的作战水平和协调能力。陆军、空军、海军和特种部队等兵种将同时参加在多个地点的演习活动；与此同时，北约也希望通过演习，帮助各指挥部提高在复杂环境下进行全方位指挥作战的能力。

据俄罗斯媒体报道，德姆罗泽还表示，“(我们)没有秘密，秘密是我作出哪些决定，但是其他都是透明的。而且演习期间我作出的决定也将是透明的。我们将邀请俄罗斯和其他对此感兴趣的国家前来观察。”

应对南部多种安全挑战

根据北约的表述，此次演习覆盖范围非常广阔，从西部的加拿大到东部的德国，从北部的挪威到南部的意大利，跨越整个大西洋，但演习的重点区域还是地中海沿岸。这其中，一个很重要的目的就是为了积极应对极端组织在北约南部带来的安全挑战。

自乌克兰危机以来，北约的东部和北部成员国对自身安全的忧虑主宰了整个北约的氛围。对波兰和波罗的海三国等一些国家来说，俄罗斯的威胁日益增大，因此在2014年至2015年上半年，如何应对东部威胁成为北约面对的首要问题，北约为此成立了快速反应部队。在6月末举行的北约防长会上，会议的中心议题便是强化北约快速反应部队，增强北约欧洲成员国的凝聚力和战斗力，防范俄罗斯的军事威胁。此外，还建立了在紧急情况下如何迅速动用北约快速反应部队的机制，从而提高北约的政治、军事决策效率。会议声明宣布，把目前3万人的北约快速反应部队扩充到4万人，以便在48小时内向北约任何成员国提供增援，应对俄罗斯或其他外部威胁。

北约为北部安全费尽心机，但这些举措却越来越引起北约南部成员国的不满。对南部成员国来说，俄罗斯的威胁还比较远，真正的现实威胁是来自南部的极端势力和蜂拥而至的难民。

比利时德国马歇尔基金会北约问题专家布鲁诺·雷特向记者表示，如果北约只将精力放在北部，那么就会引发南部成员国的担忧，这是布鲁塞尔方面不希望看到的。因此上月末的防长会上明确宣布北约快速反应部队扩军，一方面是稳定北部，另一方面则是安抚南部。防长会将南部和北部的需求结合在一起，这样既减少了开支，也增强了南部盟国提供资金的意愿，又推动了整个北约内部的合作。“快速反应部队当然会应南部盟国的要求提供任何可能的援助，”雷特表示，在他看来，巩固南部地区安全，安抚南部成员国是今年下半年北约的重要任务。

雷特表示，面对南部面临的极端组织的威胁，“北约不会阻止其成员国单独或合作打击如‘伊斯兰国’之类的极端组织”。北约和俄罗斯都共同面对恐怖主义的威胁，因此在打击恐怖主义和极端主义方面，双方有合作的基础。

最后形成的综合通报如下：

北约“三叉戟接点 2015”大规模军演剑指俄罗斯

综合各通讯社消息，北约长达 5 周的“三叉戟接点 2015”军事演习正如火如荼地进行。此次演习地域西起大西洋，贯穿西班牙、葡萄牙、意大利 3 国领海，一直向东延伸至地中海，30 多个北约成员国及伙伴国的 3.6 万余名官兵、230 多个军事单位、140 余架战机和 60 艘舰艇参与其中。演习兵力规模之大、武器装备之众、参演国家之多、地理范围之广，都是 2002 年以来所仅见。尽管一再声称演习时间早已发布，“不针对任何特定国家”，但从当前的地区安全形势及演练内容设定看，不难透视出这次演习的真正指向是俄罗斯。

首先，北约此时高调“秀肌肉”，令本次军演平添了一层浓厚的地缘政治竞争色彩。当前，北约与俄罗斯围绕乌克兰展开的博弈尚未平息，俄罗斯“加力”介入叙利亚、空袭“伊斯兰国”又成为新热点。即使美欧多国质疑重重，但俄确实在叙取得了令人瞩目的打击成果。西方舆论普遍认为，在打击“伊斯兰国”的行动中，北约没能向世界展示出与其“强大军事集团”身份相称的表现，亟需“有所作为”。正如一些中东媒体所言，本次演习有助于强化北约在地中海及中东地区的军事存在。

其次，演习内容设置折射出北约真正用意所在。据报道，此次“三叉戟接点2015”演习内容进行了临时调整，最终定位于检验新组建的“高度戒备联合特遣部队”。这支人数超过5000、编为5个机动营的快速反应部队，是去年9月北约威尔士峰会“战备行动计划”的重要组成部分，更是乌克兰危机的直接产物。为确保这支快反部队有效运转，北约已于今年9月启用了位于中东欧6国的6处指挥控制中心。北约秘书长斯托尔滕贝格称：“我们正在落实二战以来最大规模的军事支援，以强化综合防卫实力，并向各成员国民众发出清晰信号——北约就在这里，北约会保护你，北约随时做好准备。”

北约组建这支新部队的初衷，本是加强在中东欧对俄的“集体防卫”力量。在俄罗斯高调出兵叙利亚、军机数次“误入”土耳其领空后，北约南部多国对俄军行动表示“严重关切”。比利时德国马歇尔基金会北约问题专家布鲁诺·雷特指出：“如果北约只将精力放在北部，就会引发南部成员国的担忧。新的快速反应部队当然会应南部盟国要求，提供任何可能的援助。”可见，北约本次声势浩大的军事训练活动的主旨，正是为了进一步评估其军力结构调整效果，完善多国联合快速反应作战预案，安抚成员国安全关切，“对冲”俄罗斯出兵叙利亚所带来的压力。

据报道，今年北约举办或即将举办的军演多达400多场，是冷战结束后军演最频繁、军事力量动员和调动最多的一年。俄国防部今年宣布举行或计划举行的大小演习数量也上升到近年来的高位。有鉴于此，本次“三叉戟接点2015”军演堪称北约与俄罗斯武力“隔空对峙”的一个典型缩影。

（《解放军报》2015年10月29日，收入本书时略有改动）

例文二：

【美联社莫斯科2004年2月6日电】俄罗斯紧急情况部说，莫斯科地铁在今天早上高峰期发生爆炸。地铁隧道里处处都是爆炸导致的滚滚浓烟。

莫斯科警方发言人基里尔·马祖林说，有关当局正在对此次恐怖爆炸事件进行调查。据国际文传电讯社援引警方的话说，此次爆炸事件是一名自杀性爆炸者所为。

【俄塔社莫斯科2004年2月6日电】记者从莫斯科市卫生委员会获悉，今天莫斯科地铁发生爆炸，死40人，伤70多人，其中30人因烧伤或骨折住进医院。据该委员会估计，可能还有近百人困在爆炸车厢中。

爆炸力相当于1公斤多TNT炸药的爆炸发生在莫斯科时间8时40分，爆炸发生的车厢当时正运行在帕韦列茨地铁站和汽车厂地铁站之间。爆炸引起5级火灾。俄联邦安全局认为，这很可能是恐怖分子所为。

由于车厢着火后受损严重，不可能在烈火和浓烟中把离地铁站300米的着火车厢从隧道中拖出。尽管如此，抢救队员依然从两个车站对向接近车厢，帮助旅客撤退。医务人员在汽车厂站救护伤员。该地铁站来了数十辆急救车，地铁站周围交通中断，以便救援工作进行。莫斯科的医院腾出病房准备接收伤员。

据总统新闻局说，爆炸事件立即报告了普京总统，同时成立了由联邦安全局、内务部和总检察院官员组成的联合行动指挥部，由内务部副部长亚·切卡林牵头。由于莫斯科地铁发生恐怖爆炸事件，莫斯科市长卢日科夫中断了对美国的访问，提前动身返回莫斯科。

记者从莫斯科内务总局获悉，鉴于莫斯科地铁发生爆炸，莫斯科内务总局采取了罕见的安全措施。首都各地铁站都加强了民警值勤，地铁站和地下通道里有专门能够发现爆炸物的警犬看守。民警负责检查可疑者的证件。由于首都地铁发生恐怖事件，首都内务总局的全体警员都进入加强值勤状态。莫斯科街道上的巡逻警力增加了三分之一。加强了对车站、地铁站、国家权力机关以及重要设施的保卫，严格了证件检查制度。

【法新社莫斯科2004年2月6日电】俄罗斯总统普京今天对莫斯科地铁爆炸事件进行了谴责，将事件定性为恐怖袭击。他说："只有联合全世界的力量，我们才能解决这一21世纪的灾祸。"

此次的爆炸事件可能是针对将于3月举行的大选，以破坏普京的形象，但有分析人士指出，爆炸对下月普京谋求连任影响甚微。截至到当地时间上午10时20分，地铁中所有受伤者都已经被疏散到安全地带。被困在地铁内的乘客也已经被疏散。地铁中的大火已被扑灭，但仍有浓烟。在俄罗斯境内的自杀性爆炸袭击是车臣武装叛乱分子的惯用招数。救援队打算将发生爆炸的车厢拖至帕韦列茨地铁站进行进一步检查。

最后形成的综合通报如下：

俄采取措施应对6日莫斯科地铁爆炸事件

综合各通讯社消息，2月6日，莫斯科地铁发生一起自杀性爆炸事件，共造成110多人伤亡，近百人被困在爆炸车厢之中。当日，俄即采取了以下措施：

一是强烈谴责恐怖主义行为。俄总统普京将此事件定性为恐怖袭击，对此进行了强烈谴责，并号召全世界联合起来共同解决恐怖主义这一“21世纪的灾祸”。

二是立即组成联合行动指挥部。以内务部副部长亚·切卡林为首，俄当局迅速成立了由内务部、联邦安全局和总检察院组成的联合行动指挥部，对该事件进行调查。莫斯科市长卢日科夫也立即中止访美，回国参与指挥。

三是采取严格的安检措施。莫斯科内务总局采取了“罕见的”安检措施，全体警员进入加强值勤状态：莫斯科各地铁站和地下通道均部署有警犬和警员，负责发现爆炸物和检查可疑者证件；莫斯科街道的巡逻警力增加了三分之一，以维护社会稳定；对于车站、国家权力机关及重要设施，也加强了保卫措施，严格了证件检查制度。

一、文体意识分析

“例文一”这篇综合通报由标题、导语、正文、结语四部分组成。导语采用概括全文的方式，点出全文要点或结论，先给阅读者一个总的认知。正文部分分为三个自然段，段落篇幅匀称，每个段落表达意义相对单一和完整，采用事理逻辑顺序安排段落，线索分明。结语交代事件的性质，也预测了事件发展的趋向。导语、正文、结语之间互相照应，段落、层次以及文句之间的衔接、过渡自然流畅。

二、文体写作思维分析

综合通报运思的基本过程是：收集信息寻找“中心”→确立“中心”→围绕“中心”进行综合。“例文二”就很典型地体现了这种思维。

具体地说，一篇好的综合通报，编写思维大体离不开以下步骤：一是考虑客观形势和情报用户的需要，把握时机，着手搜集素材。二是对素材“去粗取精、去伪存真”的工作，把可用的材料挑拣出来。三是对素材进行分类整理，概括提炼研究主题，运用“由此及彼，由表及里”的归纳演绎方法分析素材，形成一个初步的思路。四是根据初步的思路，拟一份材料的提纲或草案，然后进一步阅读素材，并对素材进行增删整合。五是对成文进行删繁就简、修改润色的工作，核对关键信息，防止出现错字和语病等。

三、文体写作规范分析

（一）确定文章主题

情报主题的确立必须以用户需要为中心，回答用户所关心的或影响用户切身利益的问题，这是综合通报撰写的核心和灵魂。综合通报的主题是编者从大量的情报材料中概括提炼出来的。首先要明确具体，不能含糊其词或抽象空洞；其次还要有新意，要提供新情况、新观点。

（二）恰当选取材料

在研究情况时，应根据课题范围尽可能全面、详细地搜集和占有材料，但在着手编写综合通报时，应围绕主题选材，选择典型材料，并且取材详略要得当。

（三）妥善处理结构

综合通报往往篇幅较大，一般可以采用纵向、横向两种基本的结构方法来叙述。纵向结构法就是按事物的发展过程来叙述，横向结构法就是按一个事物所包含的几个要素或几个方面来叙述。有些事物内部本身存在着复杂性，为了准确揭示其全貌和本质，在叙述时也可以采用纵向、横向结合的结构方法。除此之外，还可以按事物或事理的内在逻辑关系来结构全文。

（四）善于转换视角

在将来源不同、角度不同的各种素材加工成综合通报的过程中，要特别注意叙述视角的转换。如果转换得不好，会乱成一锅粥，甚至犯立场性的错误。应该说明的是，如果综合通报是以反映客观情况为主，通常采用第三人称，这样容易照顾方方面面的关系；如果是以我主观研判为主，最好采用第一人称，这样叙述起来更方便。

（五）精巧转换文体

综合通报可能利用的素材是各式各样的，有上行报告，有下行指示，有现场报道，有专题评论，还有其他情报信息材料等，涉及公文语体、科技语体、政论语体、文艺语体等各种语体。要写好综合通报，必须熟悉各种文体（主要是应用文体）的不同特点，善于文体转换，形成前后完美统一的应用文体。

附录：

情报编写训练材料

【一】

1. Los Angeles Times：Philippines midterm elections give a boost to President Rodrigo Duterte

Candidates who support President Rodrigo Duterte dominated legislative elections in the Philippines, officials said Tuesday, bolstering the power of the tough-talking architect of a deadly anti-drug campaign and a new friendship with China.

With nearly 99% of votes counted, a coalition of parties that back Duterte had won nine of 12 open seats in the Senate, giving the president control of 18 of its 24 total seats. Advertisement Pro-Duterte candidates were also expected to keep their 245-seat majority in the 297-seat House of Representatives.

Legislative candidates endorsed by Duterte had been expected to win after his public satisfaction rating surged early this year.

"The president's endorsement rubs off, especially for Duterte's supporters and especially because he's enjoying an all-time high trust rating," said Eduardo Araral, a Philippine native and associate professor at the National University of Singapore's public policy school.

"The economy is humming along. Duterte is 'what you see is what you get.' Filipinos can relate to the simplicity."

Duterte, the 74-year-old former mayor of the country's second largest city, Davao, has alarmed rights groups and Western governments that accuse him of enabling police to carry out extrajudicial killings in the guise of a drug war. Duterte has vowed to stick with the campaign, but after the killings of several teenagers in 2017 he ordered police to be more disciplined during raids.

Local media estimate that 5,000 people have been killed in the campaign.

Military officials and academics also question Duterte's pursuit of closer relations with Beijing by putting aside a decades-old sovereignty dispute over parts of the South China Sea. His predecessor, Benigno Aquino III, fumed against China over the dispute, landing the two nations in a world arbitration court from 2013 to 2016. The court ruled in favor of the Philippines, but China considers the decision invalid.

The stronger Chinese armed forces still administer islets that Manila calls its own, including the fisheries-rich Scarborough Shoal.

Duterte's approval rating had dipped to 70% last September, when inflation rose to 6.7%. But after inflation eased and economic growth picked up earlier this year, Duterte received a 79% public satisfaction rating in the first quarter of 2019 in a survey by the Manila research institute Social Weather Stations.

Amid signs of public frustration with his embrace of China, Duterte took a slightly tougher line against Beijing during the election campaign, even threatening to send Philippine pilots on suicide missions if China kept sending ships near a Philippine-controlled islet in the South China Sea.

The results will make it easier for Duterte to pass laws and secure funds through the end of his six-year term in 2022, analysts said.

Limited by Philippine law to one term, Duterte will use the midterm election victories to push through legislative votes for new infrastructure work and tougher anti-crime measures such as restoring the death penalty, said Ramon Casiple, executive director of the Institute for Political and Electoral Reform, a Manila advocacy group.

"Whatever he's doing now, it will be with more confidence," Casiple said.

He could also continue building ties with Beijing, Casiple said. China and the Philippines are planning to explore together for oil or gas in the South China Sea, the center of the countries' historical dispute over sovereignty.

Advertisement Months after Duterte took office, Chinese officials pledged of $24 billion in aid and investment for the Philippines. The two countries signed deals in April to use $12.2 billion in funds from Chinese companies for energy, infrastructure and telecommunications.

The president is also in the middle of a $169-billion program to replace crumbling infrastructure with expressway overpasses and railway lines.

Voters in metro Manila said they supported pro-Duterte Senate candidates because the president's policies had helped raise quality of life. Of the 12 seats being contested, three were going to independent candidates; an anti-Duterte opposition bloc was being shut out, according to the 99% of votes counted through Tuesday morning.

"He's for the cleanliness of the Philippines, like regarding the drugs, the cleanliness of landscaping, priority of the poor people and education," said 45-year-old voter May Isabela De La Pena, a neighborhood councilor in Pasay City.

Her city, which adjoins Manila, grapples with panhandlers, open sewage and deep potholes. But its economy is growing on business from the country's largest shopping mall and recent construction of new hotels with rooms serving some of metro Manila's mega-casinos.

Another voter, Rolano Magabanua, a 49-year-old fabric vendor, said food and transportation prices were still too high.

"For my side, it's OK. I can buy something, but the other people, they cannot because of the economy of the Philippines," he said.

He joined thousands of people jamming a Pasay City elementary school to vote and dip a finger in purple ink as proof of having cast a ballot. Police visited the school to stop campaign organizers from passing out material during the 12-hour voting period on Monday, although hundreds of business card-sized candidate leaflets still littered a walkway outside the main gate.

Nationwide, local media reported violence at two polling stations Monday as well as vote-buying and malfunctioning ballot-counting machines.

About 43,000 candidates ran for 18,000 mostly local posts across the country. The new Senate is due to take office June 30.

2. Washington Post: Philippines Midterms: Elections expected to boost strongman Duterte and his agenda

Voters in the Philippines headed to the polls today for Midterm elections that are expected to deliver a win for allies of President Rodrigo Duterte and allow him to advance his agenda despite international condemnation.

Duterte himself is not on the ballot. Roughly 60 million eligible voters in the Philippines will select a dozen senators, or half of the chamber, 200 representatives and local officials - about 18,000 in all.

Nevertheless, vote is seen as a referendum on Duterte's populist programme three years after he was elected.

"A big win for [Duterte's] allies would mean support for the flagship policies of the President, especially the controversial ones," said Cleve Arguelles, a doctoral fellow in politics and social change at Australian National University.

"What is at stake in the 2019 Midterm elections is whether Duterte's presidency will even be more dangerous than it already is."

The tough-talking Philippine President is best known for his bloody war on drugs. The Government says more than 5000 drug dealers and users have been killed in police operations. Human rights groups say the toll is likely significantly higher - up to 20,000 , including low-level drug users and even ordinary citizens, some in vigilante-style killings related to the drug war.

The Midterms will also determine the independence of the senate, at a time when Duterte is gaining influence over institutions meant to check the presidency.

Although senators have increasingly been allying themselves with Duterte, the body has been able to block key legislation introduced by the President, including measures to reinstate the death penalty, lower the age of criminal liability, and create a federal form of government-proposals that have been condemned by human rights groups and political watchdogs.

The senate has been "the last bastion of resistance," said Aries

Arugay, a political scientist at the University of the Philippines.

Administration allies are expected to dominate voting for the House of Representatives.

菲总统杜特尔特中期选举获胜

综合互联网消息，5 月 13 日，菲律宾总统杜特尔特在中期选举中获得胜利。根据 14 日统计的 99% 选票来看，菲律宾参议院共有 24 个议席，其中 12 席在此次中期选举中面临改选，杜特尔特领导的政党将获得其中的 9 席，再加上不用改选的已控制的 9 席，杜特尔特将控制 18 个议席，超过了整个参议院议席数的 2/3。众议院总共有 297 个议席，杜特尔特领导的政党至少将获得其中的 245 席，这将超过总议席数的 4/5。此次选举胜出后，杜特尔特有望实现对国会两院的掌控。

据悉，杜特尔特自 2016 年上台以来在西方国家中备受争议，比如美联社曾称：他“残忍”的禁毒战争“导致数千人死亡”；他的领导风格很“不正规”；他经常会开“性别歧视的玩笑”等等。然而，此次选举却直接反映了菲律宾人民对杜特尔特现行各项政策的态度，其高达 70% 的民调支持率证明了杜特尔特在民众中的受欢迎程度。

杜特尔特选举获胜后将在菲进一步实施改革：继续进行禁毒战争；修改宪法，让菲律宾从单一制转变成联邦制，新宪法规定将经济规划、住房、医疗、教育、基础设施、供水和灌溉等权力下放给地方，并确保地方政府的预算占到财政收入的 60%；在刑罚方面，杜特尔特可能会再次恢复死刑。

（主题词：菲律宾 杜特尔特 中期选举 胜利）

【二】

1. NBC：North Korea fires two rounds of missiles, 2nd launch in a week, South Korea says

The launch comes after North Korea on Saturday launched what were described as short-range projectiles thought to involve multiple rocket launchers, including "new tactical guidance weapons".

North Korea fired two rounds of missiles Thursday, its second launch in a week, South Korea said.

The missiles were fired east "from Sinori area located in Northern Pyongan Province" about 4:29 p.m. and 4:49 p.m. local time Thursday (around 3:30 a.m. ET), the South Korean Defense Ministry said.

The launch came just days after North Korea on Saturday fired what were described as several short-range projectiles. A South Korean military official has said that the launch was thought to involve multiple rocket launchers, including "new tactical guidance weapons".

After Pyongyang's firing of missiles on Thursday, the president of South Korea said he believes his country's northern neighbor is unhappy that a summit with President Donald Trump in Hanoi, Vietnam, fell apart earlier this year.

"It is difficult to know the accurate purpose of their actions, but after analysis, we believe that North Korea is discontented about the outcome of the Hanoi summit," South Korea President Moon Jae-in said in an interview with South Korean broadcaster KBS.

“If they have any discontent, North Korea should talk about it,” Moon said. “By acting like this, misinterpretations can accumulate, and this could aggravate the dialogue or negotiation mood, and we would like to let them know about this message.”

North Korean state media KCNA said North Korean leader Kim Jong Un observed that launch. KCNA claimed the launch was a drill “to estimate and inspect the operating ability and the accuracy of striking duty performance of large-caliber long-range multiple rocket launchers and tactical guided weapons.”

Experts who analyzed photos from the North Korean state media say it’s clear the county tested a new solid-fuel missile that appears to be modeled after Russia’s Iskander short-range ballistic missile system, The Associated Press reported Wednesday.

A spokesman for North Korea’s foreign ministry was quoted by KCNA as saying on Wednesday that last week’s launch was a self-defensive military drill, and the official criticized it being branded as provocative.

But many viewed it as a sign of Pyongyang’s growing frustration over stalled diplomatic talks with Washington over its nuclear arsenal.

2. USNEWS：North Korea Launches New Missiles

The short-range missile launch is the second this week and further strains U.S.-led efforts to denuclearize the Korean Peninsula.

The South Korean joint chiefs of staff announced the launch in a statement, saying the missiles were fired from the northwest city of Kusong and traveled roughly 260 miles to the east. American negotiators are currently in South Korea for discussions on how to break the impasse following two high-level summits between President Donald Trump and North Korean leader Kim Jong Un that failed to secure any lasting changes.

The launch comes less than a week after North Korea fired several short-range missiles on Saturday, the first such weapons test since November 2017. Trump has previously cited North Korea's lull in missile and nuclear tests as evidence that his outreach to the Hermit Kingdom was proving successful.

North Korea's Ministry of Foreign Affairs on Thursday defended Saturday's launch as a "routine and self-defensive military drill." A spokesman said the test was "nothing more than part of the regular military training, and it has neither targeted anyone nor led to an aggravation of the situation in the region." In a separate statement, North Korean state media reported that the missiles did not threaten the U.S., South Korea or Japan and dropped into North Korean-controlled waters.

Analysts say the missile trajectory and the distance it traveled were not indicative of ballistic weapons.

The North Korean statement condemned the continuation of joint U.S.-South Korean military exercises in the region, which Kim has repeatedly condemned as provocative "war games."

Neither the White House nor Trump immediately commented on the launch on Thursday. The president tweeted shortly after the Saturday launch that he believes Kim "realizes the great economic potential of North Korea and will do nothing to interfere or end it," adding "he also knows that I am with him and does not want to break his promise to me."

The launch likely challenges the patience of Washington and Seoul at a contentious time as the two powers struggle to determine how to proceed in denuclearization talks while North Korea seeks to increase its leverage.

朝鲜9日疑似发射两枚短程导弹

综合互联网消息，韩国联合参谋本部5月9日称，朝鲜当天下午于平安北道新五里导弹发射基地朝日本海方向试射了两枚型号不明的“飞行物”，分析推测或为“短程导弹”。具体发射时间分别为下午4时29分和4时49分，飞行距离分别达到420公里和270公里。

此次试射是继5月4日发射240毫米与300毫米口径火箭炮以及新型战术制导武器后，朝鲜时隔5天再次发射飞行物。韩国总统府青瓦台发言人表示，朝方活动无助于改善半岛关系及缓和紧张局势。日本政府方面9日称，没有确认有弹道导弹飞入日本领土或专属经济区，目前并未发现朝鲜发射飞行物对日本的安全保障造成影响。5月9日，日美韩防务工作人员就朝鲜发射飞行物在首尔举行了磋商。

新五里导弹发射基地是朝鲜20余处导弹基地中年代最久的，位于朝韩军事分界线以北212公里处，“芦洞1”号中程弹道导弹连队部署在此。有分析称，该基地或为朝鲜“秘密弹道导弹基地”。韩国媒体此前已多次提及该基地，认为其是“芦洞”导弹基地。

（主题词：朝鲜 日本海 试射 短程导弹）

【三】

1. CNN：Chechen president fights militants in home village

Twelve militants and five police officers were killed Sunday morning in a confrontation that was led by Chechen President Ramzan Kadyrov himself, the Russia's official RIA Novosti news agency reported.

Seventeen police officers and seven civilians were injured in the fighting.

Seven of the Chechen militants blew themselves up during the clashes and it appeared impossible that their bodies would be identified, a spokesman for the regional investigators office said, according to RIA Novosti.

The bodies of four others were fingerprinted for identification, and one was identified as a militant who was on a federal wanted list for participation in illegal armed groups, the spokesman said.

The confrontation occurred in the village of Tsenteroi, the home of the Chechen president, who was there at the time of the attack. It was the first attack there in six years, the news agency reported.

The president himself ordered police to intercept the militants, RIA Novosti reported. According to Kadyrov, the militants had attempted to enter the village at dawn, but were met by police.

"We had information (about the insurgents)," Kadyrov told Russian state television. "We waited for these scoundrels and we gave them a pass into the village to kill them, and the boys from the personal guard worked perfectly, killed 12 bandits on the spot."

He said that some miliants escaped, but was confident that they would be found. Authorities were searching for the remaining militants in a nearby forest.

As many as 30 militants could have been involved in the attack, the news agency reported.

2. Reuters : Twelve rebels killed raid on Chechen leader's village

GROZNY, Russia, Aug 29 (Reuters) - Chechen police killed 12 rebels as they repulsed a raid on the Moscow-backed president's home village on Sunday, authorities said, an attack that broke a period of relative calm in the troubled Russian republic.

Chechen President Ramzan Kadyrov told state-run Rossiya-24 TV he headed the operation to fight off the attack on his village of Tsentoroi and said 12 insurgents were killed. His office also confirmed his account of the raid.

It was not clear however whether Kadyrov was in the village at the time of the attack, or directing operations from the republic's capital Grozny, some 60 km (37 miles) away.

Kadyrov, himself a former Chechen rebel, has vowed to bring peace and stability to the republic which has seen more than 15 years of sporadic separatist conflict, but Chechnya remains beset by political murders and extrajudicial killings.

Many of the neighbouring Russian republics in the mainly Muslim North Caucasus are also afflicted by simmering insurgencies and 10 rebels were killed in Dagestan and Kabardino-Balkaria on Saturday.

While there were conflicting accounts of Sunday's assault and the resulting casualties, the fact that it happened at all challenges Kadyrov's pledge to the Kremlin to maintain tight security in Chechnya, said Grigory Shvedov, chief editor of internet news agency Caucasian Knot.

"This raid is a message to President Kadyrov, who thinks he is fully in control of the situation," he told Reuters. "The sabotage looks quite successful, and is a sign that we could expect a surge in similar activities further on."

Some 30 rebels attacked the village early on Sunday morning, a source in the North Caucasus Federal District police in the nearby Stavropol region, told RIA news agency. Only a few rebels shooting a video of the raid managed to escape, it said.

Five civilians and two policemen were also killed in the attack, RIA said, but it said it could not immediately confirm the toll of 12 rebel dead cited by Kadyrov and his office.

An Islamist website, www.kavkazcenter.com, challenged the official data saying that at least 15 of Kadyrov's security officers were killed, while a total of 60 insurgents attacked the village. Five rebels were also killed, it said.

The insurgents spent about an hour rampaging through the village, the website said, citing local residents, and torched 10 houses it described as belonging to "Kadyrov's confidants". It was not clear whether Kadyrov's own house was also set ablaze, it said.

Kadyrov has been the target of a number of assassination attempts in the past 10 years, and Tsentoroi was raided by insurgents back in 2004, in what Kadyrov said was an attack aimed to kill him. (Writing by Alexei Anishchuk ; Editing by Jon Hemming)

3. The New York Times : Chechen leader's village is attacked

MOSCOW — Insurgents in Chechnya, in southern Russia, attacked the home village of the region's leader Sunday, touching off a battle in which over a dozen people were killed, officials said.

It was not immediately clear whether the Chechen leader, Ramzan A. Kadyrov, was in the village at the time or whether he was the intended target.

But Mr. Kadyrov said on Russian television that he had commanded the security forces that responded. His men, he said in televised remarks, "destroyed 12 people immediately on the spot."

He said two officers also had been killed in the village, Tsentoroi. Russian news media reported that five civilians had died, though Mr. Kadyrov disputed that account.

Long shaken by an Islamic and separatist insurgency, Chechnya has been the site of two wars since the Soviet Union's collapse.

With tacit approval from Russian leaders, human rights groups say, Mr. Kadyrov has participated in the kidnappings, torture and killings of suspected insurgents and critics. But he has never been formally implicated in those deaths and has always denied involvement in them.

车臣总统坐镇指挥激战非法武装

综合互联网消息，据美、英、俄等国媒体反映，8月29日凌晨4时，车臣总统卡德罗夫在岑托罗伊村亲自坐镇指挥安保人员激战非法武装分子。岑托罗伊村位于车臣首府格罗兹尼市以东大约20公里处，是卡德罗夫的故乡。卡德罗夫指挥安保人员击毙了12名非法分子，但交火同时也造成5名警察死亡，17名警察及5名平民受伤。卡德罗夫发言人称，“卡德罗夫事前已获悉非法分子将发动袭击的情报，故有意让他们袭村以集中消灭。激战由卡德罗夫亲自坐镇指挥，并控制了局势。”

（主题词：车臣 非法武装 卡德罗夫）

【四】

1. The Guardian：UK moves closer to military partnership with France

Aircraft carriers, unmanned drones and tanker aircraft among possible projects considered for Anglo-French co-operation.

The defence secretary, Liam Fox, today spoke of the prospect of close military co-operation with France, a country he called Britain's "natural" partner in Europe.

Fox described France as Britain's major western ally, along with the US, after a meeting in Paris with his French counterpart, Hervé Morin.

"These are natural partnerships. We intend to develop them for reasons of our mutual security," he said.

Among a range of projects suitable for closer co-operation, he singled out Europe's new military transport aircraft, the A400M. Europe has a chronic shortage of large aircraft which can carry troops and military equipment.

Defence officials told the Guardian that other possible areas of co-operation included unmanned drone flights and tanker aircraft used to refuel warplanes.

While the two ministers dismissed the idea of sharing aircraft carriers as unrealistic, officials are looking at the scope for shared operations and the use of each other's military platforms.

One problem is that British defence ministers have so far opted for the hugely expensive US short-takeoff Joint Strike Fighter (JSF) for the navy's two proposed new carriers, while French carrier-borne planes are launched by catapult.

One option is to scrap plans to buy the JSF for both carriers and turn one of them into a less expensive, more adaptable ship. The carriers are due to enter service in 2016 and 2018 at an estimated cost of £5.2bn.

Fox stressed the coalition government's "willingness to engage in stronger bilateral co-operation with France".

He added: "And why France? Because there are two things that matter most when it comes to defence co-operation: the willingness to deploy and the willingness to spend on the research and development required to maintain modern military capabilities. That makes France the natural European partner for the United Kingdom."

Fox said it was not simply a response to budgetary pressures. "It has to be driven by wider security interests."

Morin said the two countries would come up with precise proposals by the end of October, after Britain's strategic defence and security review.

2. FT (Financial Times): France and UK seek closer military ties

France and Britain on Friday stepped up their talks about strengthening bilateral defence co-operation but ruled out the idea of sharing aircraft carriers as "utterly unrealistic".

Speaking after a meeting in Paris, Liam Fox, UK defence secretary, and Hervé Morin, his French counterpart, said they were discussing with "absolute pragmatism" the scope for closer co-operation or even mutualisation of military capabilities and industrial projects amid tight spending constraints.

Mr Morin singled out possible collaboration on refuelling aircraft, joint maintenance of the forthcoming A400M military transport plane and the sharing of "naval resources". However, he said the two ministers had not discussed aircraft carriers, despite a report suggesting the two government were set to unveil a plan to share them.

Mr Fox said the idea that Britain and France could use each other's aircraft carriers was "utterly unrealistic", but said that the pooling of "strategic or tactical lift" capabilities – or air transport – "was another matter". He said the two governments needed to "focus on what is deliverable".

The two minister said they were also examining the scope for industrial collaboration and in particular ways of eliminating duplication of research and development by companies operating on both sides of the Channel.

The two governments want to make practical defence co-operation a cornerstone of a new Franco-British relationship.

Mr Fox said France was Britain's "natural European partner" given its willingness to deploy military forces and invest in its capabilities.

The need to work together had been given "urgency" by the prospect of budget cuts, Mr Fox said, but insisted it went beyond the need for cost-savings.

There is some scepticism among French officials about whether the new British government will opt for joint initiatives that could prove controversial with public opinion or the right wing of the Conservative party.

Previous bursts of British enthusiasm for defence co-operation have rapidly faded away and there has been little to show in the way of collaboration between the two countries since the 1998 Saint Malo agreement on defence.

President Nicolas Sarkozy's government made a bold offer of co-operation in its 2008 defence white paper, including a single command for A400M transport aircraft, the pooling of air-to-air refuelling and transport helicopters.

Mr Morin made it clear that the scope for bilateral co-operation would depend on the outcome of the British government's strategic defence review, saying the discussions under way were moving "at a rhythm set by the British".

The two ministers said they both wanted to see "deep reform" of the Nato bureaucracy. "We cannot accept a bloated Nato organisation that is consuming far too much money for the output we are receiving," Mr Fox said. “The fat needs to be trimmed away.”

Mr Sarkozy and David Cameron, UK prime minister, are planning to unveil joint defence projects at a summit on November 5.

Mr Morin said the two ministers would meet again on October 14 in the margins of a Nato meeting and if necessary at the end of October in London.

Mr Morin described his meeting with Mr Fox as “very friendly”. But their relationship is unlikely to last for long. Mr Morin, who is leader of the New Centre party, a junior partner in Mr Sarkozy’s centre-right government, is expected to leave the government in a reshuffle later this autumn and prepare a bid for the presidential election in 2012.

3. British Force News : Defence Secretary promises closer military ties with France

The Defence Secretary Liam Fox has promised closer cooperation with the French as military budgets are squeezed on both sides of the Channel.

He has been meeting his counterpart in Paris, as the Strategic Defence and Security Review forensically examines every aspect of the three Armed Forces.

The Ministry of Defence is facing a significant cut in its future budget, and for the Royal Navy, speculation is centred on the aircraft carriers it has ordered. They are already being built and would cost roughly as much to cancel as to buy.

Reports have suggested an option to reduce running costs would be to share the carriers with France, but today, Dr Fox dismissed suggestions the two could share aircraft carriers as a cost-saving measure, saying such a move would be “unrealistic” .

Speaking at the press conference with French Defence Minister Herve Morin, he also emphasised the need for much closer working with key European allies, such as France.

The two men said they would look at ways of sharing their respective fleets of A400M, a plane designed to transport soldiers and heavy equipment to combat zones.

The Defence Secretary - and Ministry Of Defence continue to insist that with weeks until the Strategic Defence and Security review is published, any report of decisions already made is mere speculation.

With the Army's costs mostly centred on people rather than equipment, the big question for them remains how many soldiers Britain wants to have in future - while seeing through the Afghanistan operation.

4. The Telegraph : UK and France won't share aircraft carriers, says Defence Secretary Liam Fox

Britain and France have ruled out sharing aircraft carriers, but may pool resources including the A400M military transport plane, in order to save money.

“I think it is unrealistic to share an aircraft carrier but, in other areas like tactical lift we can see what we can do,” Liam Fox, the Defence Secretary, said at a meeting in Paris with his French counterpart Herve Morin. “I can't deny that there is an element of urgency added by budget concerns.”

Mr Fox said France and the US are Britain's “two natural partners.”

"Tankers, A400s, naval units but just to be clear not aircraft carriers, are areas where we can work towards pooling," said Mr Morin. He said France is "following the pace of the British" in the talks about equipment sharing, because of the UK's "serious budget issues."

Reports earlier this week that claimed Britain and France would announce plans to share aircraft carriers at a summit in November, as part of the Government's spending cuts.

The Ministry of Defence is facing budget cuts of up to 20pc over the next five years, according to some analysts, and the department is already grappling with a £37bn shortfall on programmes it has signed up to.

The results of the strategic defence and security review are expected around the same time as the cross-Government comprehensive spending review, which will be published on October 20. The defence industry is very concerned that the review is being led by budget concerns rather than military need.

The sharing of the A400M is likely to mean joint maintenance and support, rather than Britain and France cutting the number of planes they have ordered.

"As part of an ongoing dialogue the UK and France are looking at ways to maximise efficiency in areas such as maintenance, training and support," the MoD said. "The A400M and FSTA [tanker plane] programmes, in common with all MoD equipment projects, is being scrutinised as part of the strategic defence and security review."

France is buying 50 A400Ms, built by Airbus Military, and will be the first customer in the European consortium to received the plane. The UK originally signed up to buy 25 of the aircraft, but negotiated that down to "at least" 22 earlier this summer, after cost over-runs and four years of delays raised the plane's price.

The seven European countries buying the plane have agreed to pay an extra € 2bn（ £ 1.67bn ）towards the cost of the A400M, and to provide € 1.5 bn in loans in exchange for a share of future exports.

法英计划加强军事合作以节省军费开支

综合互联网消息，据法、英、美等国媒体反映，法英两国国防部长9月3日在巴黎举行会谈，讨论两国为节省军费开支共享部分军事力量的问题。法国国防部长莫兰在会谈结束后的记者会上表示，法国和英国的国防预算都比较大，双方在共享军事力量和军事装备方面有着广阔的合作前景，在坦克、A400M运输机和一些海军装备上，英法两国已经做好了合作的准备。英国国防大臣福克斯则表示法国同美国一样都是英国的"天然伙伴"，出于相互之间安全的考虑双方应加强军事合作。此外，法英双方都否认为节省开支共用航空母舰的传闻。

（主题词：英国　法国　军事合作）

【五】

1. The Times of India : Prime Minister Manmohan Singh arrives in Japan on three-day visit

Prime Minister Manmohan Singharrived in Japan on Monday on a three-day visit to Japan to invigorate bilateral strategic ties and push for a civil nuclear energy cooperation deal.

Singh will hold exhaustive talks with his Japanese counterpart Shinzo Abe on Wednesday on the entire gamut of bilateral ties with special focus on giving boost to cooperation in defence, economic, energy and other areas.

Singh accompanied by his wife GursharanKaur arrived in Japan, his first halt in two nation tour, described Japan as a "key regional and global partner for India".

Official sources in the Indian side dismissed reports of India going slow on ties with Japan so as not to annoy China.

"There are sensitivities in the Japanese side particularly after the 2011 Fukushima nuclear disaster and we respect that," official sources said.

"When Japan is keen to see that whatever it does is in the direction of strengthening non-proliferation regime, India's own view is that civilian nuclear energy cooperation with Japan will only further strengthen non-proliferation regime.

"India is quite happy to proceed at the pace determined by the Japanese side," the sources said while reacting to reports that there are issues in Japan on a bilateral nuclear deal with India.

Singh's visit, originally scheduled for November last year, was postponed following the announcement of general elections in Japan in December.

In his departure statement in New Delhi, Singh said he proposed to invigorate India's relations with Japan in the political, security and energy spheres.

Singh said in his summit with the new government of Japan led by "good friend" Abe, he will build on the momentum imparted by successive summits to the India-Japan Strategic and Global Partnership.

"My visits to Japan and Thailand will add depth and new meaning to our 'Look East' policy and contribute to peace, prosperity and stability in the Asia-Pacific," he said.

Singh will later travel to Thailand on a two-day visit from May 30.

2. Gulf News : Joint Statement on Prime Minister's visit to Japan : Strengthening the Strategic and Global Partnership between India and Japan

The Prime Minister of India, H.E. Dr. Manmohan Singh, is currently on an Official Working Visit to Japan on 27-30 May 2013 for the Annual Summit of the Prime Ministers at the invitation of the Prime Minister of Japan, H.E. Mr. Shinzo Abe. The two Prime Ministers held extensive talks on bilateral, regional and global issues on 29 May 2013 in Tokyo.

Applauding the commemorative events held to celebrate the 60th anniversary of the establishment of diplomatic relations between the two countries in 2012, the two Prime Ministers reaffirmed that India and Japan, as the two largest democracies in Asia sharing such universal values as freedom, democracy and rule of law, enjoy very close and wide-ranging relations. They expressed their resolve to further consolidate and strengthen the Strategic and Global Partnership between India and Japan in the years ahead, taking into account changes in the strategic environment.

Prime Minister Abe expressed his appreciation for the invitation to Their Majesties the Emperor and the Empress of Japan to visit India. The two

Prime Ministers confirmed that the two governments would make necessary preparations and coordination with a view to realizing Their Majesties' visit as State Guests from the end of November to early December.

The two Prime Ministers expressed satisfaction at the steady growth of political exchanges, dialogue and policy coordination at all levels. They positively evaluated Ministerial-level annual dialogues and exchanges, particularly the Foreign Ministers' Strategic Dialogue and the Ministerial Level Economic Dialogue. The two Prime Ministers also noted the successful outcomes achieved during the "2 plus 2" dialogue, the Foreign Secretary level Dialogue, the Foreign Office Consultations, the Defence Policy Dialogue, the Trilateral Dialogue between India, Japan and the United States, as well as other key interactions on various areas including cyber, counter-terrorism and economic partnership. The two Prime Ministers welcomed the launch of the bilateral Maritime Affairs Dialogue, the first meeting of which was held on 29 January 2013 in Delhi.

The two Prime Ministers welcomed the expanding defence relations between the two countries based on the Joint Declaration on Security Cooperation between India and Japan. The two Prime Ministers expressed satisfaction that the first bilateral exercise between the Indian Navy (IN) and the Japan Maritime Self-Defense Force (JMSDF) was held in June 2012 off the coast of Japan and decided to conduct such exercises on a regular basis with increased frequency. They decided to establish a Joint Working Group (JWG) to explore modality for the cooperation on the US-2 amphibian aircraft.

Prime Minister Singh expressed his appreciation to the Government and people of Japan for their continued and unwavering support to India's development. Prime Minister Abe reaffirmed that Japan would continue its Official Development Assistance at a substantial level to encourage India's efforts towards social and economic development, including in the area of infrastructure and human resource development. The two Prime Ministers welcomed the signing of the Exchange of Notes for yen loan totalling 71billion yen for the "Mumbai Metro Line-III project", as well as the yen loan of the fiscal year 2012 totalling 353.106 billion yen for eight projects. Prime Minister Singh appreciated the pledge by Prime Minister Abe for the Campus Development Project of Indian Institute of Technology, Hyderabad (Phase 2) for 17.7 billion yen and the "Tamil Nadu Investment Promotion Programme" for 13 billion yen.

Noting that the Comprehensive Economic Partnership Agreement (CEPA) has given a fillip to economic and trade relations, the two Prime Ministers stressed the importance of continued efforts to further enhance trade in goods and services as well as investments. In this context, they expressed satisfaction with the successful holding of the second meeting of the Joint Committee as well as a series of Sub-Committees.

The two Prime Ministers welcomed the signing of the Agreement between India and Japan on Social Security in November 2012 and directed their relevant authorities in the governments to work towards its early entry into force. They expressed hope that this agreement would contribute to further accelerating bilateral activities of private sectors.

3. The Economic Times : Manmohan Singh to seek nuclear deal,

investments during Japan visit

NEW DELHI : Prime Minister Manmohan Singh left here today on a two-nation five-day visit to Japan and Thailand aiming to give a "new meaning" to India's 'Look East' policy and hoping it will contribute to peace, prosperity and stability in the Asia-Pacific.

Singh, who flew to Tokyo, his first halt, described Japan as a "key regional and global partner for India"

In his departure statement, Singh said he proposed to invigorate India's relations with Japan in the political, security and energy spheres.

"My visits to Japan and Thailand will add depth and new meaning to our 'Look East' policy and contribute to peace, prosperity and stability in the Asia-Pacific," he said.

On a three-day visit to Tokyo, Singh will make a strong pitch for elevating strategic ties and push for a bilateral pact on civil nuclear energy cooperation.

Singh will hold exhaustive talks with his Japanese counterpart Shinzo Abe on Wednesday on the entire gamut of bilateral ties with special focus on giving boost to cooperation in defence, economic, energy and other areas.

"There is a growing congruence in our interest and I see this relationship as an essential component of our vision for enduring stability and prosperity in Asia," the Prime minister said.

Singh said in his summit with the new government of Japan led by "good friend" Abe, he will build on the momentum imparted by successive summits to the India-Japan Strategic and Global Partnership.

On the civil nuclear cooperation agreement, Singh, told Japanese reporters that there are problems in Japan and there are elections to the upper house in that country which will take place later this year.

"But, I do hope that we can make progress in the civil nuclear energy cooperation," he said.

"It will be my effort to use this visit to strengthen our strategic and global partnership, which also includes trying to reach an agreement with regard to civil nuclear energy cooperation," Singh said.

Negotiations for the civil nuclear cooperation agreement have not made much headway since Japan was struck by Fukushima nuclear disaster in March, 2011.

While Japan has backed the Indo-US nuclear deal and the exemptions given to India from international technology sanctions, successive governments in Tokyo have found the going tough in garnering political support for it in the face of stiffopposition from the non-proliferation lobby here.

Sale of nuclear equipment and technology by Japan to India have been hit by Tokyo's sensitivity over India's past atomic tests and persistent refusal to sign the Nuclear Non-Proliferation Treaty and the Comprehensive Test Ban Treaty on the ground that these were discriminatory.

Though India has put a moratorium on further nuclear testing, Japan is insisting on a clearer commitment from it. One of the aspects being debated is theconsequences should India decide to carry out another test.

"There are a number of stages we will have to go through before we reach a signature," according to Foreign Secretary RanjanMathai, who said discussions on the civil nuclear cooperation agreement have been given "some impetus" recently.

Safety is one of the key issues from the Indian side in the negotiations for such a pact.

In his statement, Singh also said that, "We will explore ways to harness the full potential of our Comprehensive Economic Cooperation Partnership (CECP) by intensifying and balancing our two way trade and investment linkages".

The visit will also allow the two governments to take stock of the progress in flagship projects like the Western Dedicated Freight Corridor and the Delhi-Mumbai Industrial Corridor, and to facilitate bilateral engagement for meaningful and mutually beneficial association.

Singh said he hopes to exchange views with Prime Minister Abe on important regional and global developments of shared interest

The Prime Minister noted that his visit to Japan for the annual bilateral summit got deferred last year due to impending last elections last year.

Singh also said he looks forward to meeting Emperor Akihito and Empress Michiko.

He said both sides will use the visit to review overall Indo-Japan relations.

During the visit, Singh will also be interacting with leaders across the political spectrum in Japan, captains of Japanese industry and friends of India from all walks of life.

Singh also called on Japanese industry to contribute towards India's economic growth.

"I invite the business community of Japan to take full advantage of enormous opportunities at our opening up a liberalised Indian economy," he said, adding there is an "enormous" scope for Japanese companies to invest in India, particularly in manufacturing and clean and renewable energy.

4. Deccan Herald：India ignores China, holds drills with Japan navy

The battleships of India and Japan will hold regular drills as New Delhi and Tokyo are set to institutionalise exercises between the two navies.

Notwithstanding Beijing's call to stay away from the US-led bid to contain China, India is now likely to regularise its naval exercises with Japan, as Prime Minister Manmohan Singh is set to discuss regional security with his Japanese counterpart Shinzo Abe in Tokyo early next week.

"What we have done is to invite Japan to hold exercises in the Indian Ocean and now to institutionalise them because what we were told is that they need to have a fixed programme that they can work on so that they know when we are planning our exercises together," Foreign Secretary RanjanMathai said, while briefing the media about the prime minister's ensuing visit to Japan.

India also expressed its "strong reservation" over Beijing's vow to continue to help Islamabad develop infrastructure in Pakistan-occupied Kashmir（PoK）. "We certainly have made our views known to the Chinese leadership at the highest level. We have serious reservations about this," Mathai said.

He was reacting to the MoU signed by Beijing and Islamabad during Chinese Premier Li Keqiang's recent visit to Pakistan. The MoU envisages a China-Pakistan economic corridor that would pass through the PoK.

New Delhi maintains that the entire state of Jammu and Kashmir, including the PoK, is an integral part of India and any project undertaken by Pakistan–either on its own or with foreign assistance–in the territory under its illegal occupation "has no legal basis and is completely unacceptable."

Singh is set to visit Tokyo at a time when China's territorial disputes with both Japan and India have come to the fore. He will hold the annual summit with Abe, who took a hard-line stand on Tokyo's row with Beijing over the islands known as Diaoyu in Chinese and Senkaku in Japanese.

New Delhi's move to step up its defence ties with US-ally Japan too comes close on the heels of Li's visit to India and Pakistan. The Chinese premier had said in New Delhi last Tuesday that a distant relation might not be as useful as a near neighbour.

He apparently made the remark to send out a tacit message to India to keep off the US policy of rebalancing towards Asia, a move Beijing perceives to be aimed at containing China. The first bilateral exercise between the Indian Navy and the Japanese Maritime Self Defence Force–JIMEX 12–was held in June 2012 off the coast of Tokyo. The next edition of the exercise is likely to be held in the Indian Ocean later this year, marking commencement of regular drills.

India had in 2007 joined the US, Australia, Japan and Singapore for the "Malabar" naval exercise in the Bay of Bengal. The five-nation drill had purportedly rattled China, which had earlier that year issued strong demarches to New Delhi, Washington, Canberra and Tokyo seeking to know details of the quadrilateral initiative.

Revealing that New Delhi, Washington and Tokyo had recently

explored possibilities of a trilateral naval exercise, the foreign secretary said it had not worked out, although India and Japan were set to go ahead with the bilateral drills.

印度总理辛格访日本，强化双方战略伙伴关系

综合互联网消息，印度总理辛格5月27日启程前往日本，进行了为期三天的访问。期间，辛格与日本首相安倍晋三就军事合作、基础设施建设、核能出口等战略问题进行了会谈。29日，辛格与安倍签署了《强化印日全球战略伙伴关系》的共同声明，印日将在海洋问题上增进双边和多边合作，包括日本海上自卫队与印度海军定期举行联合演习，日本海上保安厅与印度海岸警卫队举行合作演习等。

辛格访日的时间是在中国总理李克强结束访问巴基斯坦后不久，印度《德干先驱报》评论认为：辛格此行是一次对北京的平衡外交，尽管中国要求印度不要参与美国"围堵中国"的计划，印度还是打算与日本进行定期海上军事演习，以平衡中国帮助巴基斯坦建设巴控克什米尔地区的活动。

（主题词：印度总理 日本 战略伙伴关系）

【六】

1. U.S. Department of Defense：U.S.-Israel David's Sling Weapon System Intercepts Target During Integrated Flight Test

The Israel Missile Defense Organization and the U.S. Missile Defense Agency completed a successful intercept test today of the David's Sling

Weapon System.

This test, designated David's Sling Test-2 (DST-2), is the second intercept test of the Stunner interceptor for the David's Sling Weapon System, and was conducted at a test range in southern Israel.

A target missile was launched and tracked by the system's multi-mission radar. The radar transferred flight information to the battle management control system. The Stunner interceptor successfully performed its planned trajectory and destroyed the target.

The David's Sling Weapon System is designed as an additional layer of defense against ballistic missiles, to add interception opportunities to the joint U.S.-Israel Arrow Weapon System and to improve the active defense architecture of the State of Israel against missile threats.

The successful test is a major milestone in the development of the David's Sling Weapon System and provides confidence in future Israeli capabilities to defeat the developing ballistic missile threat.

2. Reuters: Israel says David's Sling missile interceptor passes new test

A new Israeli interceptor being developed in partnership with the United States to counter missiles held by Syria and Lebanon's Iranian-backed Hezbollah guerrillas passed its second live trial on Wednesday, officials said.

David's Sling, which Israeli officials say could be ready for deployment next year after being rushed through production, is designed to shoot down missiles with ranges of between 100 km and 200 km (63 miles and 125 miles) .

It will bridge the Iron Dome short-range rocket interceptor and the

Arrow ballistic missile interceptor, both already operational, to form a multi-level shield that the Israelis are developing with Washington's help as a bulwark against Iran and its allies on the Israeli border.

The latest test comes at a time of renewed Israeli threats to attack Iran should it continue to resist international pressure to shut nuclear projects with bomb making potential.

Iran, which says its nuclear programme is peaceful, resumes talks with world powers in Geneva on Wednesday.

David's Sling downed a "short-range ballistic missile" in the morning trial in south Israel, the Defence Ministry said.

"The successful test is a major milestone in the development of the David's Sling Weapon System and provides confidence in future Israeli capabilities to defeat the developing ballistic missile threat," it said in a statement.

The interceptor underwent its first operational test a year ago. Also known as Magic Wand, David's Sling is being manufactured jointly by Israel's state-owned Rafael Advanced Defence Systems Ltd and U.S. firm Raytheon Co.

3. Defense News：US-Israel David's Sling Aces 2nd Intercept Test

The US-Israel David's Sling Weapon System (DSWS) scored a "major milestone" Wednesday with a successful intercept of a short-range ballistic missile target at a test range in southern Israel, according to the Israeli MoD and the Pentagon's Missile Defense Agency (MDA).

In a joint statement released shortly after the early morning test, program officials said David Sling's Stunner hit-to-kill interceptor destroyed the target missile after subsystems successfully detected, tracked and managed the engagement.

"The Stunner interceptor successfully performed its planned trajectory and destroyed the target missile," according to the statement.

"The successful test is a major milestone in the development of DSWS and provides confidence in future Israeli capabilities to defeat the developing ballistic missile threat."

Wednesday's intercept marks the second test success since the beginning of the year, and aims to ready the system for initial deployment in 2014 sources here say.

Jointly funded by the US and Israel, David's Sling is designed to defend against long-range rockets and short-range missiles. Later block versions will extend performance to defend against cruise missiles and other air-breathing targets.

Developed by Israel's state-owned Rafael Ltd. in conjunction with its US partner Raytheon Co., DSWS will provide an additional layer to Israel's multi-layer active defense intercepting network. When deployed, it will serve as a bridge between the operationally proven lower-tier Iron Dome and the operational Arrow-2 and planned Upper Tier Arrow-3.

Supporting the DSWS is the Multi-Mission Radar by Elta, a subsidiary of Israel Aerospace Industries, and the Golden Almond battle management and control system developed by Elisra-Elbit Systems.

4. The Washington Post: Israel's new mid-range missile defense system

passes key test ahead of 2014 deployment.

Israel successfully tested its newest missile defense system on Wednesday, a key step toward making the third and final leg of the country's three-part defense system operational by next year, the defense ministry said.

"David's Sling," also known as "Magic Wand," is designed to intercept projectiles with ranges between 70 kilometers (45 miles) and 300 kilometers (180 miles), and is aimed primarily at countering the large arsenal of Hezbollah rockets in Lebanon and those of President Bashar Assad's government in Syria.

The defense ministry said the system, developed by Israel's Rafael Advanced Defense Systems and U.S.-based Raytheon Co, detected and destroyed a test ballistic missile over Israel on Wednesday morning and marked a "step forward" toward its scheduled deployment next year.

Israel has also deployed the Iron Dome system against short-range rockets from the Gaza Strip and the Arrow system for longer-range threats from Iran. Together, the three components will complete what Israel calls its "multilayer missile defense."

Iran has developed missiles that can travel 2,000 kilometers (1,200 miles), putting Israel and parts of Europe well within its range. Israeli concerns have been compounded by Iran's controversial nuclear program, which Israel believes is geared toward making nuclear weapons - a charge Tehran denies.

Israel considers a nuclear-armed Iran to be an existential threat, citing Iranian calls for Israel's destruction, its support for anti-Israel militant groups and its missile and nuclear technology.

The test came as world powers and Iran open a new round of nuclear negotiations in Geneva later on Wednesday, talks that could result in a landmark deal that would force Iran to make concessions on its nuclear program in exchange for the easing of Western sanctions that have crippled its economy.

Iran seeks a rollback in U.S.-led economic sanctions, while the West is pressing it to curb its uranium enrichment - the process to make nuclear fuel, which is a potential pathway to atomic weapons. Israel has voiced grave concern that a deal with Iran now may ease pressure on the Islamic Republic while allowing it to continue to strive toward acquiring a bomb.

Uzi Rubin, a former head of Israel's missile defense program, said the timing of the test was unrelated and merely a planned step in Israel's long-term plan to complete a defense umbrella against the myriad of rocket threats the country faces.

He said the test, only the second of its kind, was a "milestone" but refused to provide operational details.

The Iron Dome protects against short-range rockets fired by militants in the Gaza Strip and Hezbollah guerrillas in Lebanon. It shot down hundreds of rockets from Gaza in last year's round of fighting.

The next generation of the Arrow, now in the development stage, is set to be deployed in 2016. Called Arrow 3, it is designed to strike missiles when they are outside the earth's atmosphere, before they are on their downward path toward their target. Together, the two Arrow systems would provide two chances to strike down incoming missiles.

Israel also uses U.S.-made Patriot missile defense batteries against mid-range missiles, though these failed to hit any of the 39 Scud missiles fired at Israel from Iraq in the 1991 Gulf War. Manufacturers say the Patriot system has been improved since then.

5. The Jerusalem Post : David's Sling shoots down ballistic missile in trial

The Defense Ministry and the US Missile Defense Agency (MDA) held a successful test of the David's Sling air defense system on Wednesday morning, in which a ballistic missile was shot down and destroyed.

David's Sling is designed to intercept intermediate and short-range rockets and cruise missiles and should be effective against a good portion of Hezbollah's rocket arsenal.

Yair Ramati, of the ministry's Administration for the Development of Weapons and Technological Infrastructure, said the trial was a "very complex procedure," adding that David's Sling is slated to become a defensive "workhorse" against large, powerful rockets and missiles that threaten Israel's major cities.

Ramati said that radar systems act as the system's eyes, the command and control center are its brain, and the interceptors are its arms.

"What's special about it is that it knows how to intercept from a low altitude to a fairly high altitude in the atmosphere, covering a wide range of territory which I can't unfortunately cite," Ramati stated.

David's Sling will be linked to an overarching missile defense network providing national coverage from a number of strategic locations, and will not be deployed in the form of batteries, like Iron Dome.

The trial saw a David's Sling battery fire an interceptor at a ballistic target from short range, and examined the remainder of the system's components for the first time, the ministry said in a statement.

After a ballistic missile was fired, a David's Sling MMR radar identified it and passed along its trajectory to the fire management system, which calculated a defensive interception.

An interceptor was then fired, striking and destroying the target successfully.

The test was led by personnel from the Rafael defense corporation, which manufactures the system, as well as staff from the ministry, the air force, and the Pentagon.

Describing David's Sling as a new and revolutionary system "in the family of interceptors and the world of missile defense systems," the ministry stressed that once operational, it would form a layer in Israel's growing multi-layered missile defense shield.

The shield currently consists of the Arrow system against ballistic missiles, and Iron Dome, which intercepts short and medium-range rockets. The Arrow 3 interception program, which intercepts long-range ballistic missiles in space, is still under development.

"David's Sling will allow, in the near future, the State of Israel to deal with threats with far higher efficiency," the ministry said.

Once operational, David's Sling will act as a back-up to Arrow batteries, thereby "thickening defensive systems over the State of Israel against missiles and rockets," the ministry added.

It described Wednesday's trial as "an important milestone in Israel's operational ability to defend itself, including against threats that are expected in the area."

David's Sling is being developed by Rafael in cooperation with the American Raytheon company, while its MMR radar was built by Elta, a subsidiary of IAI, and its command and control center was designed by Elisra, a subsidiary of Elbit Systems.

David's Sling was first tested successfully in 2012 in a more limited trial. In January 2012, a David's Sling battery stationed in southern Israel fired a two-stage interceptor missile and stopped an incoming missile.

The system was designed to counter Iranian missiles such as the M600, the Zelzal, Fajr and Fateh 110 in Hezbollah's possession, as well as a range of rockets with a range between 70 km. and 300 km. It is slated to become operational in 2014.

以美“大卫投石器”反导系统第二轮试验成功

综合互联网消息，据美国、英国、以色列媒体报道，以色列国防部于11月20日宣布，以色列和美国联合研发的“大卫投石器”（也称“魔棒”）导弹防御系统成功通过第二轮试验。以色列导弹防御组织和美国导弹防御局在以色列南部，利用该导弹防御系统按既定轨道，成功拦截了1枚短程弹道导弹。该系统的成功试验，使以色列有能力且有信心应对短程弹道导弹造成的威胁。以色列官员表示，该系统将于2014年正式投入使用。

“大卫投石器”导弹防御系统由以色列拉斐尔高级国防系统有限公司和美国雷神公司联合研发。该系统作为短程“铁穹”导弹防御系统和中远程“箭”导弹防御系统的衔接系统，位于以色列“多层主动防空”体系的中间层。其设计用途是拦截射程为100公里至200公里的短程弹道导弹，如远程“箭”导弹防御系统无法拦截的伊朗的谢哈布导弹与叙利亚的飞毛腿导弹。

（主题词：以色列 美国“大卫投石器”反导系统）

【七】

1. AFP：S.Korea and US to stage joint naval drill

SEOUL — South Korea said Tuesday it will stage a joint naval exercise with the United States next week, the latest in a series of drills aimed at warning North Korea after its alleged attack on a warship.

The anti-submarine drill will take place in the Yellow Sea from September 5 to 9, a spokesman for Seoul's Joint Chiefs of Staff told AFP.

"Now we're coordinating final details with the United States," he said, declining to say which ships would be involved.

Yonhap news agency, quoted an unidentified military official, said the exercise would involve two US Aegis-class destroyers and a 1,200-tonne submarine plus South Korean corvettes and destroyers, but no aircraft carriers or nuclear submarines.

The US military in South Korea said on August 20 that its flagship aircraft carrier, the USS George Washington, would not take part -- an apparent concession to China which strongly opposes the drills.

Any war games involving the United States in the Yellow Sea are a sensitive issue because of the area's proximity to China and the disputed maritime boundary between South and North Korea.

South Korea and the United States, citing a multinational investigation, accused North Korea in May of staging a torpedo attack which killed 46 sailors on a South Korean corvette.

The South announced reprisals, including a cut in most cross-border trade.

The North vehemently denies sinking the ship and has threatened retaliation against the series of military drills staged this summer.

In July South Korea and the United States held a major naval and air drill in the Sea of Japan (East Sea).

The South in August staged its largest-ever anti-submarine drill including live-fire training near the disputed Yellow Sea border, prompting a North Korean artillery barrage fired into the sea.

Also in August the allies held annual 10-day joint war games on land that involved more than 80,000 troops.

2. Yonhap News Agency: US to hold joint naval drills in West Sea Sept. 5-9

South Korea and the United States will conduct joint anti-submarine exercise next week in the West Sea where the South Korean Navy's ship the Cheonan was sunk by a North Korean torpedo attack in March.

The joint drills will start Sunday and continue through Thursday, military officials said. The joint naval maneuvers follows massive joint air and naval readiness exercises in the East Sea in late July and South Korea's independent anti-submarine drill in the West Sea in early August.

The forthcoming exercise will not include a U.S. aircraft carrier, the officials said. The U.S. Navy will send two Aegis warships to train with South Korean submarines and destroyers.

“The exercises will focus on anti-submarine warfare tactics, including detecting and destroying North Korean submarines,” an official said.

North Korea has denied any involvement in the sinking of the Cheonan frigate, denouncing the naval drills conducted by South Korea and the United States.

China, North Korea’s long-time ally and military rival of the United States, has also been complaining of such maneuvers off its eastern waters.

The Chinese navy announced it will hold a live-ammunition exercise on the seas west of the Korean Peninsula. It said a naval fleet will stage the drill this week from Wednesday to Saturday.

Observers say the announcement follows a pattern of China publicizing its own military exercises echoing those held by Washington and Seoul, which Beijing has negatively criticized as raising tensions on the peninsula.

China said its naval exercise will be held off the coastal city of Qingdao, meaning they will be well away from the U.S.-South Korea exercises held in waters closer to the Korean coast.

A South Korea-led multinational probe concluded in May that a torpedo fired by a midget North Korean submarine sank the Cheonan warship near the West Sea border, killing 46 sailors

3. Stars and Stripes：U.S.-South Korea anti-sub drill set for Yellow Sea

SASEBO NAVAL BASE, Japan—The U.S. military confirmed

Wednesday that it will begin a joint anti-submarine exercise with South Korea in the Yellow Sea on Sunday.

The naval exercise is scheduled to take place through Sept. 9 and will include two U.S. Aegis-class destroyers and a U.S. submarine as well as South Korean naval forces, a U.S. military official said.

Names of participating ships were not provided.

The USS George Washington, however, will not be involved in the anti-submarine exercise, though the U.S. plans to continue operating the aircraft carrier in the Yellow Sea despite protests from China and North Korea, according to the military.

The Yellow Sea, known as the West Sea to Koreans, lies between China and the Korean peninsula.

The joint anti-submarine drill could send yet another strong message to North Korea, which has been accused of the March 26 sinking of the South Korean patrol ship Cheonan. The explosion killed 46 sailors.

North Korea repeatedly has denied involvement in the incident.

In July, the U.S. and South Korea made a joint show of force with a sea exercise that included 20 ships and submarines, 200 aircraft and 8,000 servicemembers.

The upcoming drill, which is relatively small in comparison, does not require the capabilities of the aircraft carrier, the military said.

Meanwhile, the military said the exercise is not expected to be delayed or interrupted by Typhoon Kompasu, which was moving through the region Wednesday.

4. Stars and Stripes：U.S.，South Korea to hold anti-submarine drills in Yellow Sea

SEOUL—The U.S. and South Korean navies will conduct anti-submarine warfare exercises in the Yellow Sea in early September，according to the Defense Department.

Specific dates for the exercises，as well as what surface ships，submarines and air units will participate，were not stated in the Wednesday announcement from the Pentagon.

The anti-submarine exercises are to be held as a deterrent to North Korea，Pentagon spokesman Bryan Whitman said during a press conference in Washington，D.C. North Korea has been widely blamed for sinking the South Korean warship Cheonan in March.

U.S. Forces Korea spokesman David Oten said North Korea has been advised of the upcoming exercise.

The Navy announced earlier this month that the USS George Washington，a nuclear-powered aircraft carrier that operates out of Yokosuka Naval Base，Japan，would be exercising in the Yellow Sea sometime this year but was not more specific.

Oten said Thursday the carrier will not participate in the upcoming exercise. The George Washington participated in last month's U.S.-South Korea Invincible Spirit exercise in waters between South Korea and Japan，the first in a series of exercises being held in response to the March 26 sinking of the Cheonan.

U.S. and South Korean officials have accused North Korea of launching a torpedo from a midget submarine that sank the Cheonan，killing 46 sailors. The accusation was based on an international, South Korean-led investigation that determined North Korea was to blame.

North Korea has repeatedly denied involvement and has threatened retaliation if the alliance responds militarily.

The Cheonan was sunk in the Yellow Sea near a disputed maritime border between North and South Korea.

At the time, South Korea and the U.S. had been conducting a naval anti-infiltration exercise about 75 nautical miles away, according to the international investigation team's report.

The Yellow Sea, known to Koreans as the West Sea, lies between the Korean peninsula and China.

China, a key North Korean ally, has objected to the upcoming anti-submarine warfare exercise, though Whitman said during the press conference that China should not view it as a threat because joint exercises are intended to maintain regional stability.

The U.S. and South Korea have "exercised for decades" in the waters around the Korean peninsula, Whitman said.

"China and our other allies and parties in the region share this interest in preserving stability," he said.

Last week, about 4,500 South Korean troops completed a five-day exercise in the Yellow Sea that also was aimed at deterring future North Korean attacks.

Currently, The U.S. and South Korea are participating in the annual Ulchi Freedom Guardian, a largely computer-based command and control exercise on the peninsula.

韩美将在黄海举行反潜联合军演

综合互联网消息，据韩、美等国媒体反映，韩美拟于9月5日至9日在黄海举行反潜联合军演。届时，美方将派出两艘宙斯盾级驱逐舰和一艘1200吨级的潜艇协同韩方的驱逐舰和巡洋舰参加演习，但美军的航母和核动力潜艇将不会参演。韩联社援引某位官员的话："军演将集中在反潜作战的战术上，包括探测和摧毁朝鲜的潜艇。"另据韩国联合参谋本部4日发布的新闻公报称，由于受到台风"玛瑙"影响，此次军演将被迫推迟进行。

（主题词：韩国 美国 联合军演）

【八】

1. Japan Today：Kan apologizes for Japan's colonial rule of Korea

Prime Minister Naoto Kan apologized Tuesday to South Korea for Japan's past colonial rule of the Korean Peninsula in the hope of building future-oriented bilateral relations.

In a statement released ahead of the Aug 29 centenary of Japan's annexation of the peninsula, Kan expressed deep regret over the suffering inflicted during Japan's colonial rule from 1910 to 1945.

"The people of South Korea at the time were deprived of their nation and culture, and their ethnic pride was deeply harmed by colonial rule that was against their will," Kan said in the statement, endorsed by his Cabinet members in the morning.

Kan said he wants to look squarely at the facts of history and be upfront about regretting past mistakes.

With these recognitions in mind, he said that Japan will strive to construct "future-oriented" ties with South Korea by thinking about the next 100 years.

Kan telephoned South Korean President Lee Myung Bak following the cabinet approval, explaining his reason for releasing the statement, which was timed also to precede South Korea's celebration of its liberation from colonial rule on Aug 15, according to government officials.

Kan told a news conference in the afternoon that Lee gave a positive assessment of the statement during the 20 minute-conversation, saying it showed "cordiality."

The expressions of apology chosen were, however, basically in line with those of past prime ministerial statements—one by Tomiichi Murayama in August 1995 and another by Junichiro Koizumi in August 2005.

It said that Japan again expresses its feelings of "deep remorse" and "heartfelt apology" for the tremendous damage and suffering brought about by its colonial rule.

Unlike the Murayama statement, which apologized to Asian victims of Japan's aggression, the latest document was only directed at South Korea. It did not touch on North Korea.

Kan's statement emphasized that Japan-South Korea relations are stronger than ever, thanks to the expansion of economic, cultural and interpersonal exchanges in recent years, and that Tokyo is determined to further deepen ties for the sake of peace and prosperity in East Asia.

Kan said that Japan will "in the near future" transfer precious cultural artifacts originating from the peninsula whose return South Korea has been demanding.

These include some royal records of the Joseon Dynasty, called the Joseon Wangsil Uigwe, being kept by the Japanese government.

Kan also promised that Japan will continue its ongoing humanitarian cooperation with South Korea, including efforts to recover the remains of Koreans who died during the occupation and support war-displaced South Koreans left behind in Sakhalin.

With the statement, Kan is hoping to put historical issues behind the two countries and focus on ways to enhance future ties with Lee's government in addressing bilateral and regional issues, including those related to North Korea's nuclear ambitions and its abduction of foreign nationals.

However, there was some opposition to releasing the statement from some lawmakers, even within Kan's Democratic Party of Japan, saying it could prompt renewed compensation claims for the country's colonial rule in Asian countries.

Kan said at the news conference, "Legal matters have already been completely settled" between Japan and South Korea based on a basic treaty signed in 1965, in which Japan and South Korea both gave up the right to demand compensation and normalized diplomatic relations.

As Japan maintains its position that the treaty is valid, Kan said he wrote "transfer" instead of "return" in the statement when he promised the handover of the artifacts to South Korea.

In an attempt to ward off criticism in Japan that this kind of statement signifies a diplomatic policy of repeatedly offering apologies, the government decided not to release the latest one exactly on Aug 15 or Aug 29, according to sources familiar with the matter.

In Seoul, South Korea welcomed Kan's statement. "We accept the prime minister's statement as the Japanese government's resolve to overcome that unfortunate past between South Korea and Japan and to create a bright South Korea-Japan relationship in the future," the South Korean foreign ministry said in a statement.

South Korea also takes note of Kan's mention that colonial rule had been done contrary to the will of the Korean people, and that those who inflicted sufferings are likely to forget while those who suffered do not forget easily, the ministry statement said.

2. CBC：Japan apologizes to South Korea for colonial rule

(PM says he regrets treatment of Koreans ahead of 100th anniversary of occupation)

Japan apologized on Tuesday to South Korea for its colonial rule over the country, seeking to strengthen ties ahead of the 100th anniversary of the Japanese annexation of the Korean peninsula.

During Japan's 1910-45 occupation, many Koreans were forced to fight as front-line soldiers, work in slave-labour conditions or serve as prostitutes in brothels operated by the military.

The issue of Japanese wartime aggression against its Asian neighbours is still sensitive more than half a century later.

"For the enormous damage and suffering caused by this colonization, I would like to express once again our deep remorse and sincerely apologize," Prime Minister Naoto Kan said in a statement approved by the cabinet.

The statement apologized specifically to South Korea, in contrast to earlier apologies by Japan for wartime actions made broadly to the country's Asian neighbours.

Japan has no diplomatic relations with communist North Korea, which had no immediate response to Kan's apology.

Moving forward

Later in the day, during a news conference, Kan said the "political relationship between our two countries is developing in a good direction."

"I want the statement that we have delivered this time to form the basis of improving our relationship and moving forward," he said.

Seoul accepted the apology, although President Lee Myung-bak does not plan an official response, said a presidential spokesman.

"We accept the Japanese prime minister's statement as Prime Minister Kan's and the Japanese government's willingness to overcome the unfortunate past and to develop a bright South Korea-Japan relationship in the future," said South Korean Foreign Ministry spokesman Kim Young-sun.

Some victims of Japan's rule called Tokyo's apology insufficient, saying there should be reparations for victims, prosecution of wrongdoers and a record of the Japanese military's history of sexual slavery in Japan's textbooks.

"We no longer welcome nor believe apologies only in words with no actions," said Yang Soon-im, president of the South Korean Pacific War

Victim Federation during an anti-Japan rally in Seoul on Tuesday.

The apology comes ahead of the 100-year anniversary of Tokyo's annexation of the Korean peninsula on Aug. 29.

Kan also said Japan would soon return Korean cultural artifacts to the country, including historical documents, according to Japanese broadcaster NHK, and spoke with South Korea's president after the statement was approved.

Despite their troubled history, Tokyo and Seoul remain closely linked economically and militarily.

Both countries host tens of thousands of U.S. troops, and Japan was quick to stand by South Korea after the latter accused North Korea of sinking one of its warships in March, killing 46 sailors.

Japan's occupation of Korea ended when it surrendered to the U.S. in 1945 at the end of the Second World War.

3. The New York Times：Japan apologizes to South Korea on colonization

Prime Minister Naoto Kan of Japan offered a renewed apology to South Korea on Tuesday for Japan's brutal colonial rule, as part of a statement marking the 100th anniversary of his nation's annexation of the Korean Peninsula in 1910.

"For the enormous damage and suffering caused during this colonial rule, I would like to express once again our deep remorse and heartfelt apology," Mr. Kan said in a statement, issued ahead of the Aug. 29 centenary of Japan's annexation of Korea. The text largely repeated language Japan has used since the early 1990s in apologies to South Korea and other

Asian victims of its military expansion in the early 20th century.

While the South Korean Foreign Ministry said Tuesday that it accepted Mr. Kan's apology, anger at Japan still runs deep across the region.

The abuses by Japan during its colonial rule of the Korean Peninsula pale in comparison to its documented atrocities during World War II — including mass killings of civilians and human experimentation. Many Asians and Westerners urge Tokyo to come to terms with the past, and Japan continues to grapple with that legacy.

In a sign of the difficulties this nation still faces in holding a healthy debate about the repugnant periods of its history, the prime minister's statement on the colonial era drew sharp criticism from conservatives. Tabloid newspapers blasted the apology as "treasonous diplomacy," while right-wing groups loudly protested in front of the prime minister's residence in central Tokyo.

In Tuesday's statement, Mr. Kan offered to return historical documents and other cultural artifacts taken from the Korean Peninsula during Japan's 1910-45 rule. He said he wanted to address the past to build a more forward-looking relationship with South Korea, a country with which Japan enjoys extensive trade, cultural and political ties and whose music and television programs it avidly consumes.

The statement did not mention North Korea, which was also under Japan's colonial rule before the division of the peninsula. Tokyo has refused to establish diplomatic ties in part because of the North's abduction of Japanese citizens three decades ago. Nor did it touch on the delicate issue of individual compensation for South Koreans who were forced to work as manual laborers or sex slaves for the Japanese.

"The Japanese government once again came out with more lip service," said a statement from a group that supports the so-called comfort women, who were forced to have sex with Japanese soldiers during World War II. The group, the Korean Council for the Women Drafted for Military Sexual Slavery by Japan, said that Tokyo must honor international calls to offer clear-cut apologies and reparations for the women. Japan maintains that all compensation issues were settled under the 1965 treaty that normalized relations between South Korea and Japan.

4. Los Angeles Times : Japan apologizes to South Korea for decades of colonial rule

(More than 50 years after Japan ended its Korean occupation at the close of World War II, many wounds have still not healed.)

On the 100th anniversary Tuesday of Japan's annexation of the Korean peninsula, office worker Hwang Jung-won listened as Japan's prime minister apologized for his nation's role in decades of harsh colonial rule. But like many others here, she wasn't convinced of the sincerity of this latest mea-culpa.

"An apology is better than nothing, but if they are truly sorry, they should make compensations for all the victims during the colonization including comfort women," the 33-year-old said.

More than a half-century after Japan ended its 35-year occupation of Korea at the close of World War II, many wounds have still not healed. Many older Koreans still remember such indignities as being forced to change their names to Japanese, fight as soldiers and even work as prostitutes for the military – young girls who became known as comfort women.

Prime Minister Naoto Kan apologized to South Korean residents for his nation's transgressions all those generations ago. "For the enormous damage and suffering caused by this colonization, I would like to express once again our deep regret and sincere apology," Kan said in a statement endorsed by his cabinet.

Still residents like Kim Hyung-il wanted gestures over mere words. The prime minister's statement, many noted, did not mention Koreans forced into manual labor and sexual slavery.

"The Japanese government needs to show action, not just some words on a piece of paper," said Kim, a 73-year old retiree who was a young boy during the occupation.

On Tuesday, in a brief telephone conversation with Kan, South Korean President Lee Myung-bak took note of the sincerity of the gesture, but called on South Korea's Asian neighbor to put the statement into action.

Presidential spokeswoman Kim Hee-jung said that Lee asked Kan to cooperate on pending issues in a "wise and sincere manner."

Meanwhile, Seoul's foreign ministry spokesman Kim Young-sun said: "We recognize Prime Minister Kan's statement that Japan wishes to frankly look back on its past mistakes and expect that the Japanese people to share this view."

Japan's Korean occupation came to a close with its surrender at the end of World War II. While Tokyo has in the past apologized for its past aggression against its Asian neighbors, Kan's statement on Tuesday specified

South Korea. No mention was made of North Korea.

Kan added that Japan would return Korean cultural artifacts, including historical documents, it acquired during its rule.

Yet an editorial in the Korean-language Munhwa Ilbo newspaper called for Japan to take further action for its past.

"The statement is only half complete as it apologizes for the annexation against the will of the Korean people," the newspaper said, "but fails to mention the illegality of the action."

日本首相就殖民统治历史问题向韩国道歉

综合互联网消息，据美、日等国媒体反映，日本首相菅直人8月10日发表声明，就1910年至1945年期间日本对韩国的殖民统治历史问题表示道歉。菅直人表示："日本的殖民统治是在特定的政治及军事背景下产生的，它违背了韩国人民的意愿。""鉴于韩国人民承受了巨大的痛苦与损失，谨再次向其表示深切的愧疚与诚挚的歉意。"韩国外交部发言人表示，菅直人首相的这一声明体现了日本政府愿意正视其历史错误并推动两国关系新发展的决心，希望日本人民也能有此共识。今年8月29日是日本吞并朝鲜半岛100周年纪念日，据日本媒体推测，菅直人首相选择此时发表道歉声明旨在淡化历史遗留问题的影响，全面加强日、韩两国关系，进一步推动双方在处理地区性重大事务方面的合作。此外，菅直人还表示将尽快向韩国"移交"现由日本政府保管的《朝鲜王室仪轨》等珍贵史料及文物。

（主题词：日本 韩国 殖民统治 道歉）

参考文献 >>>

[1] 张晓军. 军事情报学 [M]. 北京：军事科学出版社，2001.

[2] 周敏，华星白. 信息整合教程 [M]. 北京：军事科学出版社，2005.

[3] 李宗江. 国际信息编译中的语言问题 [M]. 北京：金盾出版社，2001.

[4] 李耐国. 军事情报研究 [M]. 北京：军事科学出版社，2001.

[5] 王鸿明，高建明. 军事情报整编研究 [M]. 北京：军事译文出版社，1990.

[6] 翟晓敏，杨寿青. 军事情报分析与预测 [M]. 北京：国防大学出版社，2000.

[7] 张久俊，马成伟. 军事情报学概论 [M]. 北京：军事科学出版社，2003.

[8] 闫晋中. 军事情报学 [M]. 北京：时事出版社，1990.

[9] 罗治平. 综述情报的功能、写作特点及要求 [J]. 图书与情报，

1991，(4).

[10] 吴素彬，杨文军．情报分析中的逻辑推理误区及对策研究 [J]．情报杂志，2013，(12).

[11] 何向东．逻辑学教程 [M]．北京：高等教育出版社，2010.

[12] 侯树栋，丁士峰．形式逻辑与军事应用 [M]．北京：国防大学出版社，1986.

[13] 侯树栋，丁士峰．辩证逻辑与军事应用 [M]．北京：军事科学出版社，1989.

[14] 程天敏．综合新闻的特点与种类 [J]．新闻，1994，(8).

[15] 马正平．高等基础写作训练教程 [M]．北京：中国人民大学出版社，2010.

[16] 邵敬敏．现代汉语通论（第三版）[M]．上海：上海教育出版社，2016.

[17] 钟立群．新闻编辑学研究 [M]．北京：人民日报出版社，1997.

[18] 邝云妙．当代新闻编辑学 [M]．广州：暨南大学出版社，2000.

[19] 赵鼎生．西方报纸编辑学 [M]．北京：中国人民大学出版社，2002.

[20]（美）杰罗姆·克劳泽．情报研究与分析入门 [M]．北京：金城出版社，2016.

[21]（美）凯瑟琳·弗森，伦道夫·弗森．战略情报的批判性思维 [M]．北京：金城出版社，2016.

[22] 牛新春．战略情报分析：方法与实践 [M]．北京：时事出版社，2016.

[23] 高金虎，张魁．情报分析方法论 [M]．北京：金城出版社，2017.

[24] 梁陶等．情报整编教程 [M]．解放军外国语学院自编教材，2015.

[25] 邓利平．新闻编辑学新编 [M]．北京：北京大学出版社，2010.

[26] 董小玉，刘海涛．现代写作教程（第三版）[M]．北京：高等教育出版社，2014.

[27] 胡晓萍，史金生．汉语书面语表达概论 [M]．北京：海潮出版社，2008.

[28] 马金生．为什么这样改：文字材料修改的方法与原理 [M]．北京：海潮出版社，2010.

[29] 徐赳赳．现代汉语篇章语言学 [M]．北京：商务印书馆，2010.

[30] 胡壮麟．理论文体学 [M]．北京：外语教学与研究出版社，2000.

[31] 刘世生，朱瑞青．文体学概论 [M]．北京：北京大学出版社，2006.

[32] 袁晖，李熙宗．汉语语体概论 [M]．北京：商务印书馆，2005.

[33] 申小龙．现代汉语 [M]．上海：上海外语教育出版社，2013.

[34] 教育部语言文字信息管理司．《标点符号用法》解读 [M]．北京：语文出版社，2012.

[35] 彭知辉．论情报编写中的情报观点表达 [J]．现代情报，2020,（8）.

[36] 彭知辉．论公安情报产品的文体特征 [J]．湖北警官学院学报，2020,（4）.

[37] 太清艳．新闻语篇研究 [D]．吉林大学博士学位论文，2014.

后 记 >>>

本书是以原解放军外国语学院科研基金课题结项报告为基础，并在之后五年的教学实践中反复修改而最终完成的。衷心感谢学院（现改名为信息工程大学洛阳校区）领导阎绥龙副主任和系领导王亮主任对汉语表达相关课程的鼎力支持和倾心指导，这是此书得以面世的首要前提。很多同事和学员在课程教学过程中的反馈和批评，给了我们在该课题下持续深耕的不懈动力，此书是献给他们的最好礼物。

感谢刘海龙、梁陶、朱迎华等诸位友人为该书写作提供的珍贵资料，以及诸多的修改意见。感谢韩妍、冯静、冀卫霞等诸位同事为该书素材搜集付出的劳动。本书在撰写过程中参考借鉴了许多业内专家的研究成果，不便一一列举，在此深表谢忱！

在此书编辑、出版过程中，金城出版社的丁鹏社长、蔡传聪编辑给予了热情的支持，付出了辛勤的劳动，在这里笔者向他们表示由衷的敬意！

本书关注的仅是特定领域的中文写作和语言表达问题，第一、三、五章和第二章第一、二节由张高杰撰写，第四章和第二章第三节由李广玉撰写。其所有资料均来自公开发表的文章、报告，不涉及任何秘密信息，纯属学术研究，特此声明。

由于水平有限，书中的缺点和错误在所难免，敬请读者批评指正。

作　者

2021年5月3日